A SERIES OF TEXTBOOKS IN NEW MEDIA THEORY AND PRACTICE

新媒体 理论与实务系列教材

新媒体体育新闻评论

主　编 ◎ 万晓红　方　俊
副主编 ◎ 姜　欣　周　冲　王　垚

中国传媒大学出版社
·北京·

前　言

　　移动互联网时代,用户的信息获取行为发生了颠覆性变化,内容供给的海量性与呈现方式的碎片化都对新闻的专业性提出了更高要求。在此语境下,体育新闻报道积极顺应受众需求,取得了长足发展。作为最能体现体育新闻报道专业性的体育新闻评论,其需求更是不断攀升,越来越多的优秀体育评论人涌现出来,体育新闻评论业态日趋繁荣。

　　为了满足各类媒体对体育新闻报道专业人才的需求,体育院校新闻传播教育应运而生并蓬勃发展,目前全国已有近20家体育院校开设了新闻学以及传媒类相关专业,作为体育新闻报道重要一环的体育新闻评论迎来了更大的发展空间。互联网时代,信息的多元化和交互性对体育新闻评论写作提出了更高的要求,也给高校的体育新闻评论人才培养提出了新的课题。纵观国内业已出版的三本体育新闻评论教材,盖因成书时间较早而缺乏对新媒体语境下体育新闻评论发展变化的现实观照,无法满足新媒体时代对体育新闻传播人才的需求,也不能满足广大体育新闻评论爱好者的需求。因此,编写一本贴合新媒体时代特色的体育新闻评论教材就显得弥足重要。

　　本教材正是基于这一背景而编写。全书分为本体篇、创作篇、媒体篇三大部分,共包括十三个章节。第一部分为本体篇,包括第1—4章,主要阐释新媒体体育新闻评论的概念、特点、功能、发展历程、作者类型,以及新媒体时代体育新闻评论员的素质要求等,并对近年来国内有影响力的知名体育评论员进行了较为全面的梳理,作为拓展阅读材料,以巩固教学效果。第二部分为创作篇,包括第5—9章,主要阐述新媒体体育新闻评论的写作要求与基本技巧,包括选题立论、标题特点和制作要求、结构特点及语言特征,并结合四大球评论进行了经典案例解析,以期点面结合,增强教学实训效果。第三部分为媒体篇,包括第10—13章,主要内容为新媒体体育新闻评论的传播渠道、把关效果与受众分析、议程设置效果、法制伦理问题等,同时梳理了新媒体体育新闻评论的各类平台载体,试图归纳出新媒体体育新闻评论的新变化和新特点,以期以传播学理论观照新媒体体育新闻评论的具体实践,将对新媒体体育新闻评论的感性认知与理性审视有机结合起来。

全书框架由万晓红负责拟定，各章节编写工作分工情况如下。第一章、第二章：万晓红、韩宁；第三章：万晓红；第四章：万晓红、沈晓希；拓展阅读一：周冲、姜欣；第五章、第六章、第七章：方俊；第八章：王垚；第九章：周冲、姜欣；第十章：周冲、胡进；第十一章、第十二章：万晓红、王垚；第十三章：王垚、方俊。全书由万晓红、方俊负责统稿和审定工作。

作为主要针对高校体育新闻评论课程教学的教材以及为体育新闻评论爱好者提供的参考读物，本书的最大特色是紧密结合新媒体时代信息传播的特点，将新闻传播理论与经典案例分析紧密结合，系统阐释了各类新媒体体育新闻评论的风格、特点，注重实用性和前瞻性，力求为体育新闻评论学子、爱好者和研究者提供一本集理论与实践、融学术与趣味于一体的参考读物。水平所限，还请广大读者不吝赐教，批评指正！

本书编写中参考引用了大量新媒体体育新闻评论优秀作品及相关文献，谨向这些作者表示最诚挚的感谢！

《新媒体体育新闻评论》编写组
2020 年 10 月

目 录

第一章 缘起：新媒体体育新闻评论概述 ·· 1
    第一节 从新闻评论到体育新闻评论 ·· 1
    第二节 体育新闻评论与体育报道的关系 ··· 14

第二章 演进：新媒体体育新闻评论的变迁 ·· 16
    第一节 起步期：1996—2000 年 ·· 17
    第二节 发展期：2000—2008 年 ·· 18
    第三节 繁荣期：2008 年至今 ·· 22

第三章 本真：新媒体体育新闻评论的概念界定 ······································ 25
    第一节 新媒体体育新闻评论的内涵与外延 ······································ 25
    第二节 新媒体体育新闻评论的功能与价值 ······································ 27

第四章 呈现：新媒体体育新闻评论的生产创作 ······································ 34
    第一节 新媒体体育新闻评论的呈现方式 ··· 34
    第二节 新媒体体育新闻评论的创作主体 ··· 38
    第三节 新媒体体育新闻评论者的素质要求 ······································ 42

拓展阅读一：这些年，活跃在一线的评论员 ·· 46

第五章 新媒体体育新闻评论的选题和立论 ·· 55
    第一节 新媒体体育新闻评论的选题 ·· 55
    第二节 新媒体体育新闻评论的立论 ·· 57

第六章　新媒体体育新闻评论的标题 …………………………………… 62
第一节　新媒体体育新闻评论标题概述 ………………………………… 63
第二节　新媒体体育新闻评论标题的特点及制作要求 ………………… 65
第三节　新媒体体育新闻评论标题制作中常见的问题 ………………… 72

第七章　新媒体体育新闻评论的结构 …………………………………… 74
第一节　新媒体体育新闻评论的结构要素 ……………………………… 74
第二节　新媒体体育新闻评论的结构要求 ……………………………… 84

第八章　新媒体体育新闻评论的语言 …………………………………… 86
第一节　新媒体体育新闻评论的语言特征 ……………………………… 86
第二节　新媒体体育新闻评论的语言策略 ……………………………… 91
第三节　新媒体体育新闻评论中的用语问题 …………………………… 92

第九章　经典案例解析——新媒体时代的四大球评论 ………………… 95
第一节　新媒体时代四大球评论特点 …………………………………… 95
第二节　新媒体足球评论 ………………………………………………… 97
第三节　新媒体篮球评论 ………………………………………………… 99
第四节　新媒体排球评论 ………………………………………………… 101
第五节　新媒体网球评论 ………………………………………………… 104

第十章　新媒体体育新闻评论的传播渠道 …………………………… 113
第一节　大型综合性门户网站 …………………………………………… 113
第二节　专业体育网站和网络社区 ……………………………………… 118
第三节　微信公众号和微博 ……………………………………………… 121
第四节　体育直播平台、弹幕、短视频平台 …………………………… 127

第十一章　新媒体体育新闻评论的把关效果与受众分析 …………… 131
第一节　新媒体体育新闻评论的把关效果 ……………………………… 131
第二节　新媒体体育新闻评论的受众分析 ……………………………… 135

第十二章　新媒体体育新闻评论的议程设置效果——以"懂球帝 App"为例 ……… 142
　　第一节　新媒体体育新闻评论的议程特点 ……………………………… 142
　　第二节　懂球帝议程设置效果的强化 …………………………………… 148

第十三章　新媒体体育新闻评论的法制伦理问题 ……………………………… 151
　　第一节　新媒体体育新闻评论法制伦理问题的表现 …………………… 152
　　第二节　新媒体体育新闻评论法制伦理问题的规制 …………………… 158

拓展阅读二：平台梳理——日新月异的媒介机构 …………………………… 162
　　第一节　资讯社区类体育 App …………………………………………… 162
　　第二节　视频直播类体育 App …………………………………………… 169

第一章 缘起：新媒体体育新闻评论概述

本章学习要点

- 体育新闻评论的含义与功能
- 新媒体体育新闻评论的概念
- 体育新闻评论与体育新闻报道的关系

内容提要

体育新闻评论是公众对当下与体育相关的所有话题发表的观点，能够深化受众对于体育运动的认知，承担舆论引导和启迪思维的功能；其倾向性能够促进受众树立健康积极的体育观念，进而正确理解体育精神。

第一节 从新闻评论到体育新闻评论

一、新闻评论——传媒人的犀利武器

"记者是个抱怨者、责难者，提供建议，辅佐政权，指导国家。四家敌对的报纸远比千把刺刀更叫人害怕。"[①]法国领袖拿破仑·波拿巴的这段话不仅准确道出了新闻记者在社会生活中所扮演的角色，而且点明了媒体及由其引导的公众舆论能产生的巨大社会影响力。南征北战的拿破仑在二百多年前就已经意识到了传媒的巨大效应，而在传播手段更加多元且不断优化的现代社会，传媒的作用已被指数级放大，任何细微的行动或言论都有可能在社交媒体的催化下释放巨大能量。需要指出的是，在以消息、通信为代表的诸多新闻文体中，评论这一运载着媒体观点和诉求的"子弹"无疑

---

① 华莱士，诺伯尔.光与热：新一代媒体人不可不知的新闻法则［M］.华超超，许坤，译.北京：中国人民大学出版社，2017：3.

最具穿透力，已然成为主流媒体引导舆论、影响受众的犀利武器。

对于新闻评论的定义，学者们的看法主要有以下几种：

徐兆荣认为："新闻评论是针对新近发生或发现的、具有新闻评论价值和普遍意义的新闻事件或新闻人物或迫切需要解决的问题及其新闻报道所作的评说。"① 此定义主要强调了"新闻性"，认为新闻评论一定是针对当下或最近发生的事件，其次是"公众性"，强调了新闻评论必须面向社会与公众普遍关注的重大问题。

丁法章认为："新闻评论，是媒体编辑部或作者对最新发生的有价值的新闻事件和有普遍意义的紧迫问题发议论、讲道理，有鲜明针对性和引导性的一种新闻文体，是现代传播工具经常采用的社论、评论、评论员文章、短评、编者按、专栏评论和述评等的总称，属于论说文的范畴。"② 这一说法突出了新闻评论作者的权威性与专业性，对新闻评论的体裁与种类做了明确划分。

杨娟认为："新闻评论是对新近发生的新闻事件、普遍意义的社会问题、民众密切关注的社会话题进行评论的文体或节目类型。具体来说，新闻评论是报刊、通讯社、广播、电视、网络、新媒体等新闻传播媒介，以传播意见性信息为主要内容及目的，以文章、音视频或其他形式呈现的新闻作品的总称。"③ 该定义没有对新闻评论者的行业身份进行限制，在新闻评论的媒介载体上兼顾了网络与新媒体，补充了新闻评论的不同媒介呈现形态，对比前两种说法较为全面与包容。

综上所述，相较于其他新闻体裁，新闻评论有如下几个特性：

第一，新闻评论是一种意见性信息的表达，在文学体裁上属于议论文的范畴，因此新闻评论一定是表达某种明确的观点与立场的。

第二，新闻评论是一种特定的传播手段，一定要有自身的表达渠道与媒体平台。换句话说，公共性与流通性是新闻评论的本质特征。不同于能够私密流传的文学作品、日记、书信等，新闻评论一定是面向社会的。

第三，新闻评论一定具有"新闻性"，它往往针对当前正在发生和起影响作用的事件。有些新闻评论也会评析历史，但这样的回溯通常是为了更有助于评议当下。

第四，新闻评论的表现形式是多样化的，随着传媒技术的不断革新，新闻评论不再像以往只是呈现于报纸、杂志上的文字读物，它可以是一种节目形态，借助声音、图片和视频等各种形态来传达，并且它的表达渠道也会越来越丰富。

因此，我们可以对新闻评论给出这样一个定义：新闻评论是人们针对当下具有新

---

① 徐兆荣.实用新闻评论写作教程［M］.北京：北京大学出版社，2014.
② 丁法章.新闻评论教程［M］.上海：复旦大学出版社，2012.
③ 杨娟.网络与新媒体评论［M］.北京：北京大学出版社，2015.

闻价值的、具有社会普遍意义的紧迫问题及其新闻报道做出的传达意见性信息的一种文体或节目类型，同时作为一种传播手段，新闻评论一定是借助某种媒体渠道，对社会进行的有目的的公开传播。

二、体育新闻评论概述

体育新闻评论首先是新闻评论的一个分支，这是它的本体性质，属于社会传播系统之下的"体育子系统"，包括体育赛事、体育产业、体育事业、体育文化、体育精神、体育伦理道德等体育各方面的新闻评论生产与传播。

相对于传统体育新闻评论而言，"新媒体体育新闻评论"是指在新媒体，包括但不限于数字杂志、数字报纸、数字广播、手机短信、网络、桌面视窗、数字电视、数字电影、手机网络等新的媒介形态中传播的体育新闻评论，"新媒体"限定了它的载体与传播途径。

在切入本书的主题"新媒体体育新闻评论"前，先要对体育新闻评论的发展、含义与功能做一个简要的介绍，作为我们理解新媒体体育新闻评论的结构背景。

（一）体育新闻评论的概念

体育新闻评论就是关于"体育"的新闻评论，如何将这两者结合起来理解？尤其要明确对于"体育"的定义，前文中提到的体育赛事、体育产业、体育文化、体育精神、体育伦理道德等，只是一个通俗层面上的主观概括，在这里必须要对"体育"及"体育新闻评论"做一个明确界定。

国内关于体育新闻评论的专著并不多，下面试将有代表性的几种观点进行归纳点评。

王惠生在《体育语言》里提及："体育新闻评论，简言之，是表达关于体育的一定看法和意见的文章，它属于论说文的范畴，应当就现时具有普遍意义的体育事件和问题发议论，从而有益于体育事业的健康发展。"[①]

鲁威人在《体育新闻报道》中认为："体育（新闻）评论是根据体育运动的规律和要求对体育新闻事实进行分析、议论的一种文体，是体育新闻报道常用的一种文体形式。从一般意义上说，新闻报道的内容和对象是大千世界里形形色色的人和事，这当然就包括了体育的内容。也就是说，体育新闻报道是新闻报道的一部分。但是由于体育运动的特殊性，体育在某种程度上是可以独立于社会意识形态之外的客观事

---

① 王惠生.体育语言［M］.南京：江苏教育出版社，2015.

物……新闻评论是新闻媒体的舆论工具，它是对社会重大问题和新闻事件发表议论、做出解释，提出批判和要求，具有明显的政治倾向性……而体育新闻评论不是这样，体育新闻评论是依据体育运动的规律和要求对体育新闻事实进行分析、议论的一种文体。体育新闻评论不存在政治倾向性。"[1] 这一观点主要侧重强调体育新闻评论的去政治化特征，认为体育新闻评论只针对体育运动规律及与体育相关的人与事本身进行评析，只进行说理而不进行舆论引导。

郝勤在《体育新闻学》中认为："体育新闻评论是在新闻媒体上发表的对体育运动本身以及体育运动有关的人和事的看法、意见和观点。其任务是结合体育运动实践中最新发生的事实，针对受众普遍关注的问题进行评说阐释，以帮助受众理解新闻事实，引导广大体育爱好者和球迷正确看待体育运动中发生的各种问题……当代体育新闻评论既有电视、广播的比赛现场评论，也有报刊和网络针对体育赛事和各类事件的社论、评论员文章、短评、编者按、专栏评论、新闻述评、新闻分析、杂感、随笔等。体育新闻评论就是指上述各类体育运动本身以及与体育运动有关的人和事为对象的新闻评论的总和。"[2] 该定义对体育新闻评论的载体、功能、体裁和类型等都做了明确规范，比较全面具体。

万晓红在《体育新闻评论》一书中指出："体育新闻评论是对当前体育事态的认识与表达活动以及由此形成的意见体系，它是根据体育事业的发展规律和体育运动的基本特点对体育新闻事实进行分析、议论的一种论说文体，是体育新闻传播不可或缺的基本手段，与体育新闻报道共同构成体育新闻传播的两大支柱。"[3]

结合以上几种说法，在界定什么是体育新闻评论之前，我们需要思考以下两点：

第一，体育新闻评论是否具有政治性？这取决于我们如何看待体育新闻评论的内涵与外延，如果我们只将那些内容有关于体育运动的基本特点与规律的文章算作体育新闻评论，那么它几乎不带政治色彩。但如果我们把所有跟体育运动相关的事物和领域，如体育事业、国际形象、文化、产业、精神等的评论报道都称为体育新闻评论，那么它肯定具有一定的政治性。体育作为社会文化的一部分，不仅仅只有赛事和娱乐本身，其文化属性总会代表一定阶层、政党或组织的利益，反映出一定的政治倾向。如奥运会期间有关我国体育赛事和运动员的报道，必然会涉及对国家形象与民族尊严的维护；某项体育政策或某类体育事业的开展，相关评论必然会反映一定的阶级或阶层利益。

---

[1] 鲁威人.体育新闻报道[M].北京：中国传媒大学出版社，2005.
[2] 郝勤.体育新闻学[M].北京：高等教育出版社，2011.
[3] 万晓红.体育新闻评论[M].北京：北京体育大学出版社，2014.

第二，体育新闻评论的作者是否应强调社会身份？在传统媒体时代，新闻评论只是部分职业媒体机构的记者或评论员的专利，但随着自媒体平台的迅速普及，几乎所有人都具备了发表评论的权利。从新闻评论的功能与定义出发，一个普通公众撰写的评论一旦在公共媒体平台流传，并对社会舆论与公众认知造成一定的影响，那么这种新闻评论与专业媒体的评论员文章并没有本质上的区别。如今网络上很多拥有粉丝关注的新媒体业余写手，对当下的体育事态进行讨论与解析，如众多的体育微信公众号，他们理应也属于体育新闻评论的作者。

综合学者的观点与近年来体育新闻评论出现的新变化，我们给体育新闻评论做出如下定义：体育新闻评论是公众对当下关于体育运动及其相关的一切领域与事物在所有公共媒体平台上传播意见性信息的一种文体与节目形态，相较一般的新闻评论，体育新闻评论有着自身的特性，它既可以是一种纯粹的说理性文本，也可以根据其言说对象的性质带有一定的政治倾向和意图引导功能。体育新闻评论的主要表现形式是文字，也有融合影像、声音、文字于一体的影视体育新闻评论，它与体育新闻报道共同构成体育新闻传播的两大主要手段。

（二）体育新闻评论的功能

体育新闻评论的功能和作用是由它的性质特点所决定的。

首先，作为一种意见性信息的传达，体育新闻评论能够深化受众对于体育运动的认知，承担着启迪思维的作用；其次，体育新闻评论的政治倾向性，使其具有舆论引导的功能，促进受众树立健康积极的体育观念，进而正确理解体育；最后，由于体育新闻评论与大众媒体的天然联系，它也承担着"社会公器""党和人民的喉舌"等职能。好的体育新闻评论不仅要解析客观事物，同时也要为社会公义发声，对权力的行使提供监察，即体育新闻评论的监督功能。这几种功能的具体表现如下：

1. 深化受众认知

中国历来就有着评论的传统。中国评论的源流可以上溯到先秦诸子，从最初的语录体散文，到对话论辩体散文，再到专题性论文，逐渐发展为成熟的论说文，奠定了中国古代论说文的体制，对后世文人的写作产生了重大影响。"文以载道"的观念就是其中之一，论说文向来有着传道解惑、交流思想、探求真理的使命。体育新闻评论也不例外，在体育这个丰富多彩的大观园中，每天都发生着无数具有新闻价值的事件：各类体育项目的国内外赛事情况、运动员的赛场内外动态、丰富的体育传媒节目、官方或民间开展的体育活动、如火如荼的体育产业圈运转、学校与民间的体育事业进展，等等。这些对于每一个关注体育、热爱体育的社会公众来说，都需要体育新闻传播工作者夜以继日的不懈付出，以满足公众不同程度与层次的认知需求。

任何领域的新闻传播媒介传达的资讯不外乎两类，一类是事实性信息，一类是意见性信息。首先作为主要传达事实性信息的体育新闻报道，受众需要通过它来获知当前发生的体育事态的真实情况与客观状态，这些事态都是客观存在并且当即发生的，不以人的意志为转移，如一场足球比赛的比分情况和球员表现、某项体育政策开展的实际情况和客观成果等。但受众往往还需要深入了解这些事实的内在形成逻辑、背后动因、制约因素等深层内涵，这时候就需要以传达意见性信息为主的体育新闻评论来满足这些需求。评论员以扎实的知识素养和对体育运动的深刻理解，通过对事实的内在分析与精巧的谋篇布局创造与生产体育新闻评论，为受众提供深入了解体育事态的途径，从而深化对体育的理性认知，完善体育观念。

下面这则体育新闻评论来自新浪体育于2017年NBA总决赛开打前的预测分析：

纸上谈兵 | 骑士勇士谁将问鼎？巅峰对决互有优劣（节选）

骑士和勇士这对冤家，终于还是碰头了。

根据惯例，在接下来的几天里，你会陆陆续续看到许多和这篇类似的文章，我们喜欢把它叫作前瞻，或者是预测。

如果单纯地对比两队的攻防数据，并以此作为核心依据去推断两支球队的胜负关系，我想是有些许片面的。倘若你有足够的耐心，不妨听一听我对于这些数据的理解。

勇士和骑士，是两支截然不同的球队。

前者的风格更"现代化"，像民主时代下的产物，进攻更加开放，更加多元，虽然他们队内拥有四个全明星选手，但大量的空切、跑位、无球掩护和传球能让每一个在场的球员参与到进攻当中来。想要守住这样一支勇士，注定不会是一对一的较量，在很多时候，你必须要在同一个回合里，集中你所有的注意，去完成一次五对五的盯防，这是他们之所以会如此出色的原因。

但如此民主，也有它的弊端，当你在真正面临险境的时候，你会怀疑，会犹豫，会在焦虑中思考："谁才是这里真正的统帅呢？"

而后者的风格则相对"黑暗"，拥有一丝独裁者的味道，以"君王"为核心，由他统帅三军来打这场仗。这是一个单点为核的球队，绕着他来搭建整个构架。所以当你在考虑一支球队能否击败骑士的时候，首先会想到的问题是"他们能不能限制詹姆斯"，如果得到的回答是"不能"，那么抱歉，你将无法阻挡克利夫兰的铁蹄从你身上无情地踏过。

他是这座城市的信仰，是这里唯一无法取代的轴心，他的存在是这支球队如此特别的所有原因。可一旦当他出现了问题，这支球队便无法正常运作，"詹姆斯意味着一切"是克利夫兰成功的秘诀，也同样是他们的阿喀琉斯之踵。

勇士的优势点

进攻端：

技战术水平高也好，防守出众也罢，可说到底篮球终归是一项比谁得分更多的运动，说白了，谁更有能力把球放进篮筐，谁就更强，至于你是通过空切上空篮把球放进去的，还是完全不讲理地强行得分，没那么重要。

而这支勇士，他们就是既拥有空切把球轻松放进篮筐的能力，又拥有完全不讲理强行取分的霸气。因为他们拥有四个全明星，而其中又有两个关键，一个叫库里。

有一个数据：

在这个季后赛里，当库里在场时，球队的进攻效率是122.5，防守效率是98.2，百回合净胜24.3分；当他下场之后，球队的进攻效率下跌至97.4，防守效率则是101.3，百回合净负3.9分。全队唯一一个，在场即赢球，下场便输分的球员。

而当这些数据发生在一支季后赛12战全胜，场均净胜分高达16.3分的球队时，库里的重要性就已经不言而喻了。

只要库里出现在场上，他就是对方防守的重中之重，他的每一次跑动都会带走非常庞大的防守注意力，人们喜欢把这个称作"库里引力"，犹如一个黑洞，能将球场中的某一块区域的注意全都吸附在自己的身上，并在这个时候，为自己的队友创造轻松攻击篮筐的机会。

骑士的优势点

进攻端：

骑士是一支非常善于割裂阵地，以寻找对手弱环的球队。

从季后赛开始的第一场，我就一直在重复骑士的同一个比赛策略，就是挡拆迫使对手换防，然后打错位。

詹姆斯跟欧文打挡拆，让詹姆斯攻击小后卫也好，乐福跟欧文打挡拆把小个球员卡在身后，到篮下单吃也罢，骑士一直都在做一种演练，就是为了熟练地把对方的小个调到自己攻击强点的身前。如果没错，这一点对于勇士而言，应该也是奏效的。起码去年，骑士在这上面尝到了甜头。

> 骑士是联盟里单打能力最出色的球队。常规赛他们每回合单打拿 0.99 分，占比 11.9%，联盟第一，季后赛每回合拿 1.16 分，占比 15.2%，联盟第一。其中欧文是常规赛单打效率最高的球员，到了季后赛，他将单打效率从每回合 1.12 提升到了 1.24，而詹姆斯更是直接从 0.97 一下拔高到了 1.2。
>
> 对于两个联盟里最出色的单打手而言，一旦出现了错位，便意味着骑士的机会来了。
>
> （新浪体育，2017 年 5 月 29 日）

这篇来自知名门户网站新浪体育的 NBA 球评就是我们最常见的、典型的体育赛事评论，其评论风格也很贴合当下的网络语境，这位笔名"代号 9527"的评论员对比赛的解读犀利深刻，语言生动有趣，擅长通过数据分析来使自己的观点表达得更为清晰，在网上拥有大批忠实读者。这篇赛事分析具体而有料，对 NBA 比赛如数家珍、信手拈来，时有引经据典、跨界类比之笔，增强了文章的文化厚度与可读性。普通球迷通过阅读这种专业性强、条理清晰且语言生动的篮球评论，能够极大满足自身的认知需求，加深了对篮球运动规律与战术理念的了解，从而逐渐养成理性看球、客观分析的习惯。

2. 正确引导舆论

著名报人戈公振先生说："报纸不仅报告事实，对于重要问题，且独立加以评论，且其评论乃以个人之丰富知识为依据，有时可以超越仅由事实观察者之意见，甚至超越一报纸之意见因而成为一般公众之意见，是即谓之舆论。"舆论是社会公众意见的总和，反映着社会的总体形势，在社会发展的任何阶段都是一股不可忽视的政治力量，正确把握好舆论动态对于社会的和谐稳定至关重要。

体育新闻评论不仅传递知识，还需要通过强大的思维逻辑与情感渲染，引导受众树立健康而理性的价值观念，拨开言论的迷雾，激浊扬清。如今互联网媒介技术高度普及，民众的言论更加难以管理，舆论失范的后果会比以往更为严重。如果对突发性事件引发的过激言论处理不当，很可能造成严重的社会公共危机，如果是关乎国际形象、民族统一的突发事件，任之发展的后果更不堪设想。体育新闻评论尤其是权威媒体的评论需要及时站出来发声，建构积极良性的舆论环境，以正视听。

例如下面这则关于中国足协的体育短评：

足协不能为18家俱乐部的无知背锅

肖良志

7月25日,中国足协向18家俱乐部下发限期向国外相关单位支付所欠款项的通知之后,名单中的很多俱乐部在25日晚上发表声明,宣称自己不欠款,有的早在2016年10月份就已经结清。外界纷纷指责中国足协,认为足协应该搞清楚事实再发通知。真实情况,是因为18家俱乐部的无知惹怒了FIFA和亚足联,这个锅不能让中国足协来背。

另外,18家俱乐部中的90%以上都不是因为欠薪问题上榜,而是因为外援转会过程中的青训补偿和联合补偿问题。过去,中国职业足球俱乐部在外援和外教方面的教训惨痛,只是不长记性,所以很多俱乐部早就上了FIFA的"黑名单"。我再次强调一下,亚足联在7月11日给中国足协发函,要求名单上的18家俱乐部必须解决问题,否则不就准打亚冠。亚足联是在收到了FIFA措辞严厉的文件之后,才在7月11日给中国足协发函要求解决问题。请注意,此事是FIFA发起的,而FIFA之所以发起此事,是因为外援转会过程中,外援的培训单位没有拿到补偿,最终告到了FIFA。

为什么有些俱乐部声明自己早已结清了补偿款项,FIFA依然下发了催要的文件?因为少部分俱乐部确实还没有解决问题,已经解决问题的俱乐部没有及时把相关的票据和证明提交给FIFA,所以才有了FIFA向亚足联下发文件,亚足联在7月11日向中国足协发函。

7月11日接到亚足联的函件之后,中国足协做了什么?中国足协立即将亚足联的函件转发给了18家相关俱乐部,非常遗憾的是,各俱乐部根本就没有重视中国足协转发的这份亚足联文件,直到7月25日的时候,没有一家俱乐部向中国足协提交证明和证据。于是,中国足协在7月25日下午向18家俱乐部下发了限期解决问题的通知。

18家俱乐部涉及的其实都是"国际纠纷",属于FIFA解决的范畴。中国足协只是起到中转的作用,负责把FIFA和亚足联的文件转发给相关俱乐部,并且按照亚足联和FIFA的文件内容要求各俱乐部限期解决问题。也就是说,具体事件由FIFA而不是由中国足协来处理。

这些外援转会过程中产生的青训补偿、联合补偿问题,俱乐部不会向中国足协汇报,也不会通过中国足协办理补偿款项的手续。因此,由于各俱乐部在外援转会补偿方面的无知导致的纠纷问题,不能由中国足协背锅。

> 另外，18家俱乐部既然上了FIFA的"黑名单"，说明他们没有按照FIFA规定在正常的时间之内，按照正常的程序解决青训补偿、联合补偿的问题。有些俱乐部声明自己已经解决了问题，请问，你们是在别人上告到FIFA之后解决的问题，还是上告之前解决的问题？既然上了FIFA的黑名单，说明肯定不是在正常的时间内解决的问题。
>
> 18家俱乐部上了FIFA的"黑名单"是一大丑闻，也是一个教训和机遇，可以让我们的职业俱乐部真正规范起来，不再犯类似愚蠢低级的错误。
>
> 附18家俱乐部名单：北京中赫国安、北京人和、长春亚泰、重庆当代力帆、大连超越、河北华夏幸福、广州恒大淘宝、广州富力、江苏苏宁、辽宁宏运、山东鲁能、上海申花、上海申鑫、上海上港、石家庄永昌、天津权健、天津泰达、青岛中能。
>
> （《体坛周报》，2017年7月26日）

中国足球的问题早已是老生常谈：足协的"官本位"式管理、管理层与俱乐部贪污腐化、造血机制残缺不全、队员缺乏职业素养等都成了老百姓茶余饭后的"吐槽热点"。其中对中国足协领导能力的质疑与不满最为严重，每当国足又踢出一场"丢人"的比赛后，民间与网络舆论时常"炸锅"，对足协的口诛笔伐甚嚣尘上。其实越是关注度高、问题多的体育项目，越需要保持客观冷静的判断，不能随波逐流于舆论的旋涡中。无论足协还是国家队，近几年的努力大家都有目共睹，而一个健康包容的舆论环境，对中国足球的持续良性发展也至关重要。在上文的这起事件中，中国足协向18家俱乐部下发限期向国外相关单位支付所欠款项的通知，而名单中的很多俱乐部纷纷发表声明宣称自己不欠款，有的早在2016年10月份就已经结清。外界纷纷指责中国足协，认为足协是非不分，民众言论纷纷开始了针对足协的"骂战"。《体坛周报》的资深足球记者肖良志第一时间发表了评论，通过对大量事实的呈现与分析，还原了事件的真相，呼吁停止对足协的盲目指责，标题"足协不能为18家俱乐部的无知背锅"更是直截了当地摆明态度，直指无脑的"网络喷子"。这篇评论就充分体现了体育新闻评论舆论引导的职责，运用自身的理性来肃清谣言。

3. 行使监督职能

一直以来独立性都是新闻媒体秉持的原则，理想层面上的新闻媒体不与任何阶层、组织或党派为伍，而是始终站在公平与正义的一方，坚守着社会良知与理性的底线。即使是官方媒体，也有自己的权利和义务对政党实行监督，不唯上只唯实。然而，在现实世界里，绝对正义与独立的媒体是不存在的，但这种原则始终应被最大化。体育新闻评论作为体育传播工作的灵魂与旗帜，更应该发挥好自身的批判功能，通过构建强有力的舆论影响督促体育事业的良性发展，为建立规范、合理、有序的体育生态做出贡献。

来看下面这则新闻评论：

里约奥运留给中国什么？它为体育改革带来了契机

"这届奥运会接地气，不是在真空中举办了16天的赛事，不是与世隔绝、与社会隔绝，而是直面社会问题与挑战。"

这是里约奥运会落幕之际，国际奥委会主席巴赫给予的评价。对于中国体育而言，这届奥运会的评价同样适用。

中国正从体育大国转型体育强国，转型路径中直面的各种变化和社会观念的碰撞也在这个奥运会中不断显现。关于金牌的认识又一次成为社交媒体上争相讨论的话题。

这是一届不同以往的奥运会。

从奥运会开幕后，国人就有了看淡金牌的包容。的确，当下的中国已无需用金牌去证明自己的强大。

在摒弃过往"唯金牌论"极端的同时，也有另一种声音——"金牌无所谓"甚至"反金牌"的论调一度甚嚣尘上。

无论是"唯金牌论"还是"金牌无所谓论"，都是从一个极端转向了另一个极端。

"我认为'唯金牌论'是错误的，金牌多少无所谓，也是错误的。"对此，国家体育总局局长刘鹏在中国代表团总结会上如此表态。

两个极端在某种程度上反映出我们对于体育的认识出现了偏差。

曾经一度颇具市场的"唯金牌论"，把焦点过度放在了成绩和冠军上，而忽略了体育内里复杂的内容。

体育不止冠军，每一位运动员都在追求更高、更快、更强。竞技体育冠军只有一个，但体育的内涵却不是金牌可以容纳的。

无论是博尔特还是霍斯祖，这些金牌大户甚至传奇选手，他们都在强调超越自己、超越极限才是自己的追求。同样，那些突破了自我、历经磨砺后的选手即便没有登上领奖台也是值得夸耀的英雄。

很多时候，运动员的对手并不是他人而是自己，当你战胜自己突破自我，何尝不是体育追求的要义。

体育还折射着人性的光辉。

如同李宗伟大赛一败再败，始终有着绝境之下奋起的勇气。与伟大相比，他的3枚银牌不损分毫。

如同难民选手历经困境依旧出现在奥运赛场上实现自己由来已久的奥运梦想。

如同女子5000米预赛中，被绊倒的美国选手扶起跌倒的新西兰选手，后来两人相互搀扶跑过终点……

但"金牌无所谓论"则是偷换了竞技体育与群众体育的概念。

竞技体育从来就是追求更高、更快、更强，不是开派对这么简单。

每一个运动员四年的努力，都是为了自我突破，站上领奖台。运动员追求最高的目标从来值得崇敬。

"我从不掩饰自己的目标是冠军，尽管我没有拿到金牌，但我没有愧对自己这些年的付出和努力。"女子百米卫冕失败后弗雷泽这样说道。

如果金牌真的无所谓，甚至反对金牌，不仅是亵渎竞技体育追求极限和突破的真谛，也是对每一位运动员付出和努力的轻视。

所以，宽容失败与追求成功并不矛盾。

唯金牌论和金牌无所谓论，两种极端，如同钟摆，经历多次矫枉，必然会回到合适的平衡点。

在这届奥运会上，人们也逐渐看到了这样的契机。

而当社交网络上，大众热衷于八卦视点，热衷于讨论颜值和CP时，中国女排一路逆转夺冠让国人回到体育本身，又一次真真切切感受到了体育的力量。

是的，那种可以"直击人心"的澎湃力量。

"女排精神"其实具有普适性，就像中国体育名宿魏纪中说的那样，它可以属于所有的中国运动队。它是中国体育，中国运动员最好的借鉴和代表。

在我们纪念、歌颂女排精神时，或许女排精神如何投诸每一个项目，国人如何真正去理解它，才能让中国体育有全新的升华。

当然，在金牌榜上，中国代表团紧随英国，位列第三。

女排拿下这块宝贵的金牌，也让更多人知道，与其单纯去追求数量，不如安下心对于职业体育、三大球付出更多努力。

在迈向体育强国的路途上，我们对于金牌的数量和质量势必会有所侧重，而究竟首选哪一项，也在考验着我们每一个人的思维。

就像魏纪中魏老说的那样，几乎没有人会讨厌金牌，大家厌恶的是为了金牌投入过多的人力物力，不计成本、牺牲大批专业运动员求学的机会、给整个行业带来巨大寻租空间。

金牌本身无比可爱，但利用金牌掺杂太多的非体育因素，这才是大家不满并呼唤必须加大力度改革的。

所以，里约奥运会给了我们的体育改革一个契机——如何更好地让举国体制扬长避短？体制与市场如何互补？如何促进群众体育与竞技体育相辅相成？如何更快地推动校园体育？

这些将是迈向 2020 东京奥运会的四年周期里，与备战一样不可忽视的命题。

（澎湃新闻网 2016 年 8 月 22 日）

这篇评论阐述了里约奥运会带给中国体育的反思与自省，立意高远，情感真挚。从对"唯金牌论"与"反金牌论"两种极端态度的批判中，直指中国体育改革的缺陷与不足之处。从对热点事件与现象的解读，揭示内在的逻辑动因与解决路径，让读者在感受体育的激情与魅力的同时陷入深思，展现了体育新闻评论对于社会体育事业发展的铿锵批判与深切盼望，行使了体育新闻评论的监察与规范职能。

三、新媒体体育新闻评论

"新媒体"是一个相对的概念，"新"是相对于"旧"而言的，例如广播相对于报纸就是新媒体，网络相对于电视就是新媒体。而我们今天所说的"新媒体体育新闻评论"，是指通过数字杂志、数字报纸、数字广播、手机短信、网络、桌面视窗、数字电视、数字电影、手机网络等新的媒介形态中传播的体育新闻评论。

相较传统媒体而言，新媒体环境下的体育新闻评论传播具有以下几个特点：

第一，即时互动。相对于传统媒体，由于不受采编和印刷周期局限，新媒体体育新闻评论能够做到与体育新闻传播同步进行，体育迷在观赛时也可以进行即时的交流互动，和评论员进行线上线下的讨论。更重要的是，由于互联网环境竞争激烈，当赛事热点出现后，各大体育媒体平台需要就相关热点发表即时评论，满足用户的信息需求，为平台赢得足够多的流量。

第二，形式多样。新媒体时代，体育新闻评论挣脱了报纸广播电视等媒介的限制，以更加丰富的形态出现。从风靡一时的微信公众号到体育资讯 App，从视频平台到社交媒体，图文、视频、音频都已成为体育评论的呈现形式，并契合了用户在各大使用场景中的媒介接触诉求。再加上弹幕、圈子等渠道，广大体育迷的发言机会与形式日益丰富。

第三，观点多元。由于信息来源渠道的多维度和广泛性，体育新闻评论的网络化传播逐渐形成了多元化的观点。传统媒体时代掌握在少数专业记者编辑手中的评论权利，已经由于技术的赋能和用户的需求而渗透到更广泛的主体，其中包括业内专业人士的点评，也有资深体育迷的观点输出，互联网上涌现出一大批优质的头部体育评论内容创作者，呈现出多元观点相互碰撞、多维角度相互佐证的开放局面。

尽管技术的进步为新媒体体育新闻评论的传播提供了日益完备的载体和更加丰富的内容，然而不可回避的是，体育评论仍然面临着新的问题，原创性不足和过度娱乐化是其中最为突出的问题。

一方面，新媒体环境下体育新闻评论的原创性堪忧，许多网络平台为了获取点击量，通过各种途径在未经许可的情况下复制优秀内容，并发布在自身的平台上，不尊重作者原创性和著作权。这导致新媒体体育新闻评论的同质化现象严重，用户对新媒体平台的信任度和认可度逐步降低，长此以往显然不利于平台的拉新促活。

另一方面，在速朽的新媒体环境下，如何抓人眼球成为摆在各大媒体平台面前不容回避的难题。正是在流量变现的巨大压力下，很多新媒体体育平台的产品过度娱乐化，所采用的评论标题或哗众取宠或粗俗不堪，既缺少艺术气息也缺少文化氛围。内容方面也为了迎合一些观众的粗俗趣味而粗制滥造，过多的渲染体育明星的生活细节以及八卦新闻，与体育评论本该有的专业素养和文化内涵逐渐偏离。

第二节　体育新闻评论与体育报道的关系

体育新闻评论与体育新闻报道作为体育新闻传播的两大主要手段，两者存在着密切联系。体育新闻报道是体育新闻评论的基础与前提，体育新闻评论是体育新闻报道的纵深与精华。如果说体育新闻报道是一个体育媒体的感官和躯干，那么体育新闻评论就是大脑与灵魂。两者缺一不可、相辅相成，共同承载着体育新闻传播的质量与态度。不过，体育新闻评论与体育新闻报道也有着明显的区别。

一、传播内容不同

体育新闻报道主要是报道与体育有关的具有一般意义上新闻价值的事实，它要做的是将事实原原本本地呈现给受众。专业的体育新闻媒体一般要经过现场搜集、采写、编辑、审稿和最后发表等流程，完成一篇体育新闻报道。而体育新闻评论则是针对采写好的新闻事实进行分析判断，表明自己的观点与立场，向受众传播意见性信息。简而言之，体育新闻报道传播的内容是客观事实，体育新闻评论则是主观意见。

二、表达方式不同

从认识论的角度出发，人对客观世界的主观认识永远是不尽完善的，总会带有自身局限和主观倾向。体育新闻报道虽然是传递事实性信息，但毕竟要经过采编审等一系列的人为操作，其实也含有媒体与作者自身的主观判断与倾向。不同媒体、不同作者针对同一事件的体育新闻报道，虽然内容都是客观事实，但事实编排的顺序、侧重突出的部分、句段结构间的解读空间等，都会或多或少地体现出各自不同的报道立场，纯粹客观的报道很少。其实，体育新闻报道运用的是一种"现实主义"的表达方式，将自己的观点隐藏在对客观世界的描述与记录中。这也是我们新闻媒体常提到的"用事实说话"，即指记者把思想观点藏在精心选择的某个事实以及对事实的叙述中，不随便议论也不轻易下结论，而是让受众在事实的阅读中潜移默化地接受自己的观点。越是出彩的新闻报道，越是擅长在文章的内容与形式中隐藏"自我"，却又无处不体现着"自我"。体育新闻评论就与之不同，它不是间接而是直接在文章中阐明媒体机构或作者的观点，直抒己见，在表达方式上强调主体性的特点。

三、工作职能不同

无论体育新闻报道还是评论，"新闻性"都是首当其冲的原则，没有对新闻事实的采集与挖掘，所有工作都无法开展。一般来说，体育新闻报道要完成新闻事实采写的基础工作，因此成为体育新闻传播的排头兵，其他所有形态的传媒产品都围绕着新闻事实来进行。体育新闻评论的分析与阐释其实就是建立在新闻事实的基础上，它属于体育新闻报道的后续与延伸工作。

通过对比体育新闻评论与体育新闻报道的不同，我们不难发现，两者的关系其实是互为表里、相辅相成的。两者缺一不可、互融互惠，共同承载着体育新闻传播的质量与态度。

本章思考与练习

1. 体育新闻评论与社会新闻评论相比有什么不同？
2. 体育新闻评论的基本功能有哪些？
3. 体育新闻评论与体育新闻报道的本质区别是什么？

第二章　演进：新媒体体育新闻评论的变迁

本章学习要点

- 我国新媒体体育新闻评论的起步期
- 我国新媒体体育新闻评论的稳步成长期
- 我国新媒体体育新闻评论的繁荣发展期

内容提要

自二十世纪九十年代互联网在我国普及以来，新媒体体育新闻评论逐渐繁荣起来，发展至今可以划分为三个时期：1996—2000年的起步期，体育论坛成为新媒体体育新闻评论的发源地；2000—2008年的稳步成长期，传统媒体纷纷上网，商业网站迅猛发展；2008年至今，微博、微信等社交媒体，以及直播号、头条号、公众号等自媒体的广泛普及，将新媒体体育新闻评论推向了一个前所未有的"草根时代"。

对于新媒体体育新闻评论发展历程的划分，本书沿袭大多数体育新闻传播学者的做法，主要以大型体育赛事作为划分依据。在体育传播发展史上，大型体育赛事具备不可比拟的宣传推广价值，也是媒体展现资源整合能力与传播技术的重要平台。传播手段的革新与传播模式的新趋势，通过一次大型赛事的报道最能集中体现，而一次大型赛事确立下的传播模式也会引领之后的体育传播。

本书以历届重大体育赛事的报道为线索，集中陈述以大型赛事为中心的各个阶段里新媒体体育新闻评论的不同发展特征，以新媒体体育新闻评论在受众中的影响地位来区分不同的发展时段。具体而言，我国新媒体体育新闻评论的发展历史可以划分为三个时期。

第一节 起步期：1996—2000 年

我国最早出现新媒体体育新闻评论的媒介平台始于网络体育论坛，而网络体育论坛最初的发展又脱胎于 BBS，BBS 是 Bulletion Board System 的缩写，直译为"电子公告板"，一般被网民称为"网络社区"。BBS 的基本功能是实现用户之间的信息交流与网络通信，而后经过发展，逐渐开始强调主题性与交流性，进而形成论坛。

网络体育论坛具体指在互联网中传播体育新闻、发布体育赛事消息、提供交流与评论平台的专业性论坛。1996 年 6 月四通利方体育沙龙论坛推出，这是我国最早的网络体育论坛，也是当时传播体育新闻的主要网络媒介形态。1997 年 9 月 13 日，世界杯亚洲区十强赛中国队对伊朗队的比赛在大连金州举行，四通利方体育沙龙对这场比赛进行了史无前例的网上多媒体（文字、音频、视频）直播，成为网络媒体直播的第一场比赛。1998 年 5 月，四通利方的"法国 98 足球风暴"网站开通，采用了 24 小时滚动更新的方式对法国世界杯进行了报道，成为我国网络体育新闻报道历史上第一次全时化报道。网站编辑每天 24 小时不停地录入、上传最新消息，及时更新报道内容，同时首次向国外派出网络体育记者，平均每天有 200 多篇原创文章。由于报道技术的限制，网站报道的体育新闻评论大多数只限于翻译外国媒体的文章，再粘贴到自己网站上这种简单的新闻处理方式。

体育论坛不仅是一个提供体育赛事信息的媒介，更强调鲜明的交互特性，论坛网友不仅可以获取体育新闻，同时也被赋予了表达的权利。在虚拟身份的掩饰下，网民可以大胆地发帖表达看法、自由评论，体育论坛进而也成了舆论引导平台以及网络体育新闻评论的发源地。1998 年 10 月 31 日，世界杯亚洲区十强赛中国队不敌卡塔尔，11 月 1 日凌晨 2 点 15 分，论坛 ID 为"老榕"的网友在赛后发表了一篇名为《大连金州没有眼泪》的帖子，引起网友们的广泛关注，而后还被《南方周末》全文转载。此篇帖子的发布成为网友体育新闻评论的创始评论，也让更多体育迷感受到新媒体体育新闻评论的优势与影响力。体育论坛的网络球评催生了最早的网络体育写手，网络体育新闻评论也开始了最初的品牌形成过程。以"北京厨子""打伞和尚"等为笔名的网络写手开始针对中国足协、亚洲杯十强赛等撰写网络球评，这可以看作是网络体育新闻评论最初的形式。

随着 1995 年互联网开始在我国向大众推广，报纸、广播、电视等传统媒体也纷纷踏上了网络化之路。1997 年第一次出现了门户网站的概念，1998 年则是名副其实的"门户网站年",新浪、搜狐等商业门户网站都诞生于这一年。传统媒体在这一时期也加快了网络化进程,其下设立的体育站点初步发展。以新华社、《人民日报》、中央电视台为代表的传统媒体纷纷建立网站,利用其资源优势,加入网络体育新闻报道的行列之中。1998年的曼谷亚运会,《人民日报》、新华社等传统媒体都开通了专题网站对赛事进行全程报道。新华网栏目设置了亚运新闻、期待曼谷、中国与亚运会、亚运史话、图片巡礼、赛场传真、每日之星、成绩公报等版块,同时还有其他亚运会网站的相关链接。人民网的栏目设置包括成绩公报、奖牌榜、亚运点评、媒体评说、花絮等。

这一阶段,体育 BBS 成为新媒体体育新闻评论最有代表性的载体,门户网站、传统媒体网站和专业体育网站的出现丰富了体育新闻评论的媒介形态,在特性与功能上都显示出与传统媒体的鲜明差异,初步展现了新媒体的即时性、草根性和互动性等特质。

但是受限于互联网技术及网民规模,网络体育报道尚未成为主流,体育网站并非体育新闻传播的主要渠道。网络体育新闻评论以体育论坛写手为主要影响力量,而传统媒体网站与商业门户网站则更多的是从纸媒、广播电视等传统媒体中转载体育新闻评论,其形态与传统媒体的体育新闻评论并无区别。新媒体体育新闻评论在渠道、内容、形式、影响力等方面仍处于起步与摸索阶段,无论是评论数量还是受众群体都较少。

第二节 发展期:2000—2008 年

千禧年的到来给网络新媒体注入了新的活力,更多新的媒介形态诞生了。而悉尼奥运会、广州全运会、韩日世界杯、釜山亚运会、雅典奥运会、北京奥运会等一系列重大体育赛事的相继举办成为网络新媒体与体育新闻评论"联姻"的天赐良机,也使得这一时期新媒体体育新闻评论的发展曲线一路攀升。

2000年悉尼奥运会可以说是千禧年迎来的第一场大型体育赛事,也是我国网络媒体首次报道的奥运会。传统媒体的官方站点利用资源优势在悉尼奥运会期间持续发力,拥有其他网站没有的赛事采访权。例如,新华社在对奥运会报道的过程中就充分利用了互联网资源,以其强大的采编能力、信息的广泛性和权威性,在2000年8月23日推出了"新华奥运"专题网站,并设立了10个频道和46个栏目,每日的中文平均发稿量为700条,图片近200幅,内容丰富、时效性强,充分显示了互联网媒体的传播优势。但更为重要的是，新华奥运网对悉尼奥运会的报道没有停留在消息传播的层面，而是推出了大量的专题报道、外媒报道、记者评述、专家评点等，通过各种评论形式带领受众深度解读悉尼奥运。

悉尼奥运会也是我国商业门户网站崭露头角的标志，2000 年 7 月 12 日，新浪网成为第 27 届奥运会中国体育代表团的唯一互联网合作伙伴，这是网络媒体首次成为奥运会代表团的合作伙伴，并成立了中国体育代表团官方网站。虽然商业网站在采访权、采编能力、团队规模等方面不及传统媒体网站，但是它们在报道模式上更为灵活，传播技术更为先进，特别是注重与受众的互动，通过各种方式鼓励观众参与评论和交流，因此涌现出了大量的草根"评论员"。新浪刊登了许多优秀的草根评论，如《中国女排进军悉尼，幸运又辛酸》一文，针对中国女排的管理体制、技术战术、教练和球员等方面发表了个人评论，有理有据、逻辑清晰，引发网友热议。其他商业网站例如搜狐、鲨威等，在悉尼奥运会期间点击率屡创新高，高峰时期突破 300 万次。门户网站凭借此次奥运会积累了宝贵经验，为日后大型赛事的报道与评论打下良好的基础。

悉尼奥运会后我国的商业网站飞速成长，传统媒体也开始了第二次触网，地方媒体则开始走联合之路。2000 年《互联网站从事登载新闻业务管理暂行规定》出台，规定非新闻单位依法建立的综合性互联网站，经批准可以从事登载中央新闻单位、中央国家机关各部门新闻单位以及省、自治区、直辖市直属新闻单位发布的新闻的业务，但不得登载自行采写的新闻和其他来源的新闻。非新闻单位依法建立的其他互联网站，不得从事登载新闻业务。这在很大程度上保护了网络媒体的内容权威性，便于新闻传播工作的开展。2000 年 12 月 12 日，传统媒体网站，如人民网、新华网、央视国际网、中国日报网率先成为获得登载新闻许可的重点新闻网站。12 月 27 日，新浪网成为首家具备新闻登载资格的商业网站，随后搜狐、网易等其他商业门户网站也逐渐具备登载资格。发展到 2004 年 4 月，我国依法取得登载新闻资格的网站已达163 家。同时，垂直门户网站也在这一阶段集中发展。

到 2002 年各大门户网站在全方位报道赛事的运作上已经成熟，开始在评论领域展露身手。2002 年世界杯期间，新浪体育频道的世界杯评论栏目，打破传统评论模式，在其栏目构成上做出创新尝试，其栏目构成主要包括四个部分：球星评论、知名足球记者和名人为主的"名家名嘴"专栏评论、转载自平面媒体的评论，以及普通网友在论坛上发表的评论，其中优秀的评论被推介到首页。此种设置成为网络体育新闻评论传播模式的雏形，即以名人、名记者为推介重点，带动网友发表观点的模式。许多网络媒体利用实时、快速的优势，开创了"视频＋嘉宾＋评论"的互动方式，网友们在观看比赛的同时，还能观看嘉宾的点评并参与其中，让体育新闻评论成为一种动态、实时、多媒体融合、多方参与的形式。随后商业门户网站也纷纷设立体育频道，成为大多数受众获取体育新闻的主要渠道，在产生广泛影响力的同时还培养了众多忠实粉丝。

商业网站中起步较早的为新浪、搜狐、网易，腾讯网则依靠其即时通信工具积聚的客户群后来居上。而建立体育频道最早的是新浪，其后依次是搜狐、腾讯和网易。知名体育新闻评论员与商业网站合作、发表体育新闻评论也逐渐成为业界常态，而名人和专业人士的评论依然占绝对的主导地位，他们跟传统报纸媒体的专业人士评论没有实质的区别，邀请的专栏评论员大多是知名的体育记者，如董路、李承鹏等，网络专职评论员极少。这说明当时网络媒体的体育新闻评论生产模式还不够成熟，在生产模式和传播渠道上还在进行着尝试和探索。

在2004年的雅典奥运会报道中，网络媒体已经成长为一支不可小觑的新生力量，其受众面与影响力几乎与传统媒体不分伯仲，仅开幕式当天，新浪、搜狐等奥运频道网站的日点击率就双双过亿。搜狐体育专门开辟了"十面埋伏"专家评论区，邀请韩乔生、苗炜、张斌、白岩松、刘建宏、张晓舟、杜锐、陈伟胜、李承鹏等十名颇具影响力的顶尖体育新闻评论高手对本届奥运会进行评论，几乎每位评论员都发表了20—30篇高质量的评论文章，对奥运会各项赛事、明星运动员、重要事件等进行专业性、前瞻性、全方位、多角度的评论。这个由重量级嘉宾组成的豪华评论团受到网友的热烈追捧，其评论文章也被广泛传播与转载。不仅如此，大量的纸媒评论也被转载到网络中，这说明网络媒体已经开始成为体育新闻评论传播的重要渠道，甚至是受众的首选。

进入2005年，我国网络媒体的发展日益趋近成熟，商业网站凝聚了大量人气和点击率，新闻网站成为网络新闻影响力的主导者，打造了一定规模的知名品牌和栏目，我国网络媒体的发展呈现出百花齐放的态势。2007年，以腾讯、百度等网站为代表的互联网企业市值均超过100亿美元，表明了我国网络媒体已经进入全球最为发达的互联网企业之列。同时，随着自媒体时代的到来，出现了以博客、播客为代表的新型传播形态。这些进步都标志着我国的网络媒体进入了蓬勃发展的新阶段，在体育报道上已经越发成熟，各网站都早早地开始为大型体育赛事做准备。

2006年被称为"博客元年"，博客和体育首次碰撞便擦出较大火花，各大网站开设博客专栏，吸引网友注册，诞生了如铁杆米兰、欧阳伯伯、aurora80235、木弓在现场、烟花妹妹、keys、缘定浦江等一众草根体育博主。同时，黄健翔、李承鹏、董路、苏群、于嘉、杨毅、马德兴等众多专业体育新闻评论员也相继加入博客大军中，在个人主页上发表评论。博客一夕之间成为体育新闻评论中耀眼的传播模式，自媒体媒介形态把网络体育新闻评论推上了一个新的台阶。例如，在2006年德国世界杯期间，搜狐网组织了11位博客高手，以及夏雨、高峰等多名演艺界、体育界明星组成的"搜狐世界杯博客军团"奔赴德国世界杯第一现场，为网友带来第一线的报道和评论。[①] 博客也频繁掀起舆论高潮，例如，在2006年6月27日，德国世界杯八分之一决赛，意大利绝杀澳大利亚获胜，当时还是央视解说员的黄健翔声嘶力竭的"意大利万岁"立刻招来热议，著名作家郑渊洁在第一时间撰写的博客《意大利万岁？》点击率超过了60万，成为世界杯体育博客单篇点击率最高的作品，他在博客中表达了自己的观点："作为解说员，似乎不应该在解说时带出好恶，就像裁判不能在执法时带出偏爱一样。"这一观点受到很多网友的认同，纷纷在博客底下发表意见，引发热烈讨论。

基于博客的出现，自媒体体育新闻评论快速发展起来，在内容形式、传播效果方面都取得了创新性的突破，赢得了大量受众的青睐。自媒体时代，以互动分享为特征的体育博客、播客等新媒体形态出现，其特性与功能都和网站风格迥异，冲击了网站形态下的议程设置。体育新闻的传播主体从专业的体育媒体组织扩展到体育明星、体育新闻专业工作者以及体育迷，使每一位社会公众都能成为体育新闻的传播者和内容创造者。但是自媒体评论不断涌现的同时，也开始暴露出评论质量良莠不齐、个人主观性太强、冗余信息过多等问题，因此自媒体评论还需要在波折中不断进步，在实践过程中不断总结与探索。

这一时期新媒体体育新闻评论以网络媒体数量和类别的增多为一大特点，网站取代论坛成为典型的传播体育新闻报道与评论的网络媒介形态。但是由于没有对世界杯、奥运会这样的大型赛事的采访权，网络媒体与传统媒体的融合，或是网络媒体之间的合作成为这一时期大型赛事报道的主要方式。尽管如此，网络媒体还是借助于其特有的及时性、互动性、多媒体性等优势，逐渐超越传统媒体，确立了在我国体育报道与评论中的重要地位。调查显示，2004年雅典奥运会期间，我国网民通过网络媒体获取奥运资讯的时间已经占到媒体消费的51%，超过了电视媒体和平面媒体的总额。但是网络媒体的新闻来源多是转载传统媒体，因此在报道内容方面也带来了同质化问题。

网络体育新闻评论逐渐显现出自身的特点。首先是网络体育新闻评论的互动性，2002年韩日世界杯期间，新媒体体育新闻评论已不再局限于单向发布，而是全体网

---

① 张德胜，张伟，稀玲. 体育博客的基本特征及其发展趋势 [J]. 新闻界，2007（3）：107-109.

民的共同对话。其次是评论主体和内容多元化，除了专业评论，名人评论开始出现。最后是草根评球的兴起，引入网友们的观点，为网络体育新闻评论注入新鲜活力；当然，网友评论中也逐渐涌现出高质量的评论。总的来说，网络体育新闻评论的发展阶段沿袭了传统体育新闻评论的风格，但草根评球的兴起为网络体育新闻评论开拓了新的天地。

第三节　繁荣期：2008年至今

2008年，奥运会来到了"家门口"，成为展现中国国家形象的舞台，新媒体体育新闻评论也迎来了跨越式发展的契机，网络媒体在北京奥运会的报道与评论过程中发挥了举足轻重的作用。一方面，网络媒体成为奥运会互联网内容赞助商，并取得了赛事的采访证，这表明网络媒体在体育新闻报道中地位的提升，网络媒体能够与传统主流媒体一样亲临赛场，传递一线消息与评论，有助于提高网络原创体育新闻评论的数量。另一方面，网络媒体加强了对体育新闻评论的生产，例如，在奥运会期间，腾讯体育共生产了760多篇评论文章，其中包括腾讯内部的记者与编辑发布的评论约240篇，体育界或其他领域的评论专员、研究专家发布的评论文章460余篇，以及筛选出来的草根网民的精华评论近60篇，几乎全部都是原创性评论，呈现出较强的公信力与影响力，也给其他网络媒体树立了榜样。本书第一作者也应腾讯之邀，参与了"教授看奥运"专栏，并发表评论43篇。可以说，自2008年北京奥运会开始，网络体育新闻评论驶入发展的快车道，无论是稿件数量、内容质量、互动效果等方面都将传统媒体远远甩在身后。

2010年1月13日，国务院总理温家宝主持召开国务院常务会议，决定加快推进电信网、广播电视网和互联网三网融合，这极大地促进了我国网络媒体的发展，2010年因此被称为移动互联网元年。

在这样的背景下，微博应运而生。彼时，新浪网、搜狐网、人民网等网站纷纷开启或测试微博功能。微博是个人发表言论的窗口，一条微博最多只有140个字，使得各类评论变得短小而浅显，但正是这样的媒介特点，为网民发表评论带来了极大的自由度和轻松感。于是，借助微博传播模式，网络体育新闻评论的门槛再一次被降低，体育新闻评论的大门向广大受众敞开，草根性质开始不断地蔓延生长，大众参与性与积极性也随之高涨起来。艾瑞世界杯网民调研数据显示，在2010年南非世界杯期间，微博作为刚刚诞生一年的新兴媒体就已经成为网友使用比例最高的网络互动产品，52%的网友通过微博发表观点、参加互动。正如新浪网总编辑陈彤所言："网络媒体对于世界杯的报道在媒介形态上已经发生转变，在1998年是BBS世界杯，到了2002年是图文世界杯，2006年成为博客世界杯，2010年则是微博世界杯。"微博成为新的体育传播与整合的平台，彻底颠覆了原有的体育传播模式，引领大众进入全新的"短评直播"时代，让网络体育新闻评论从专业性、深度性走向了大众化、主观性、碎片化的形态。

　　智能手机的普及加速了移动互联时代的步伐，人们的联络方式也不断推陈出新，微信自2011年1月上线以后，便火速成为最流行的全民级移动通信工具。根据腾讯2018年一季报数据，微信及WeChat合并MAU达到10.4亿，超过2017年年底我国7.53亿的手机网民规模，微信已实现对国内移动互联网用户的大面积覆盖。2017年微信登录人数已达9.02亿，较2016年增长17%，日均发送微信次数为380亿，微信已成为国内最大的移动流量平台之一①。随着微信在手机端的普及，微信朋友圈、微信公众号内的大量体育资讯和评论，进一步拓宽了广大受众了解体育信息的渠道，许多体育新闻评论人、体育名人、体育媒体、体育爱好者都开通了微信公众号，向粉丝推送文章，再由粉丝在朋友圈的转发而传播出去。例如，黄健翔建立的"黄健翔谈"就是一个专门发表体育新闻评论的微信公众号，每篇评论文章图文并茂、质量较高，体现出视角独特、观点清晰、内容精炼、解读深入的特点，充分展现了黄健翔在体育新闻评论领域的专业性与权威性。再如《体坛周报》也开设了官方微信公众号，依托于报纸的强大资源，将原有报纸中的体育新闻评论及其他文章转载到微信公众号上，让微信公众号成为传统媒体评论传播的新渠道。目前，很多受众都是通过朋友圈和微信公众号来获取体育资讯和相关评论，即使是一些平时不关注体育信息的受众，在刷朋友圈的时候，也会刷到各种体育新闻评论文章、各项比赛赛况、运动员信息、体育娱乐新闻等。体育新闻评论借助微信公众号平台的发展，以重大的体育赛事为契机，已经有意或者无意地影响了更多的受众。

　　随着网络技术的发展，2016年前后，手机网络直播快速地在广大受众中传播开来。其中腾讯旗下企鹅直播是目前中国品类最全的体育赛事视频直播平台，提供免费的NBA、CBA、各类足球比赛、台球比赛等热门赛事的直播，为观众带来高清流畅有趣的赛事观看体验。手机直播的出现，不仅催生了一批评论型体育主播，还打破了时空限制，让受众可以随时随地观看体育赛事，并能通过弹幕等形式与主播进行互动交流。不过，手机直播中的体育新闻评论常常与比赛解说结合在一起。

---

① 2018年中国微信登录人数、微信公众号数量及微信小程序数量统计［EB/OL］．［2020-08-31］．http：//www.chyxx.com/industry/201805/645 403.html.

在手机直播风头正劲的时候，2016年，以抖音、快手为代表的短视频传播平台又快速走红，但总体来看，由于时长的限制，再加上短视频更注重音乐性和趣味性的特点，在短视频平台上很难进行深度的评论，也少有人会选择短视频平台作为体育新闻评论的主要媒介，就连著名体育评论员苏群也有一半以上的短视频作品与体育新闻评论无关。因此，体育新闻评论与短视频该如何有机地结合起来，成为许多媒体人思考的问题。

综上所述，体育新闻评论在网络与新媒体诞生之初便紧密联系在一起，新媒体也成为体育新闻评论的新兴阵地，新媒体体育新闻评论在25年之久的发展历程中也逐渐产生蜕变。最初的网络媒体依附于传统媒体，而新媒体体育新闻评论只是转载传统媒体上的评论文章。现阶段，新媒体超越传统媒体成为人们获取信息的主要渠道，也改变了体育新闻评论的形态。诸多视频网站在大型体育赛事的直播报道与直播评论上形成了激烈竞争的格局；体育新闻评论从最初以名人、专家发表评论为主，逐渐转变为当前泛大众化时代的人人各抒己见；移动网络社交媒体成为体育新闻评论发酵与传播的新平台，并成为传统媒体内容二次传播的工具。新媒体体育新闻评论进入了争相竞逐、繁荣发展的时期。

本章思考与练习

1. 新媒体体育新闻评论的发展革新为什么与大型赛事的联系如此紧密？
2. 促使新媒体体育新闻评论逐渐超越传统体育新闻评论占据主导地位的因素有哪些？
3. 梳理新媒体体育新闻评论的发展历程，分别经历了哪些媒介平台的演变？不同平台特点是什么？

第三章 本真：新媒体体育新闻评论的概念界定

本章学习要点

- 新媒体体育新闻评论的含义与范围界定
- 新媒体体育新闻评论的性质及功能特征

内容提要

新媒体从技术上可以理解为所有数字化之后的媒介形式，但从传播学甚至社会学角度上看，新媒体更应代表信息传播的交互功能，是取代线性传播的网状传播模式；相比较传统的体育新闻评论，新媒体体育新闻评论的基础功能没有太多的差别，但由于其自身的媒介性质，也生发了一系列不同于过去传统体育新闻评论的本体以及功能上的特征。

第一节 新媒体体育新闻评论的内涵与外延

简言之，新媒体体育新闻评论是体育新闻评论在新媒体上的传播。关于新媒体的定义，一直以来学界可谓众说纷纭，并没有一个准确的概念，但是总体上还是有很多共识。

新媒体是一个相对的概念，是区别于报纸、广播、电视等传统媒体之后发展起来的新媒介形态，主要包括门户网站、网络社区、社交媒体、头条号、公众号、直播号等。

联合国教科文组织对新媒体下的定义是："以数字技术为基础，以网络为载体进行信息传播的媒介。"这是新媒体抛开时间性后的本质技术特征，因此从广义上看，新媒体应该是所有数字化后的媒体形式，包括所有数字化的传统媒体、网络媒体、移动端媒体、数字电视、数字报刊等。

从社会层面与传播学的理论视野出发，新媒体最本质的特点是其信息传播的交互性，所有人都可以成为信息的生产与发布者，这瓦解了过去传受主体间线性的传播模式，取而代之的是网状的辐射交叉。因此新媒体是能够让所有使用者进行社交、分享与讨论的媒介物体与形式。

结合以上的新媒体定义及特点，本书考察的新媒体媒介范围以受众媒介使用的变革为主，即改变了传统的单向接收信息的媒介使用习惯，赋予受众互动与分享权利的媒介形态便称为新媒体。

新媒体体育新闻评论的概念，也有广义和狭义之分：广义的新媒体体育新闻评论是指流通于所有网络化、社交化媒体平台，包括但不限于网站网页、网络社区、智能手机软件 App、数字杂志、数字报纸、数字广播、桌面视窗、数字电视、数字电影、弹幕等数字技术支撑的各种新媒介形态中传播的体育新闻评论形态，是媒体、个体受众或组织对当前体育事态的认识与表达活动以及由此形成的意见性信息或体系。其表现形态多种多样，既可以是文字评论，也可以是视频、音频及融合多媒体式评论，并随着载体的变化而变化；其表现风格丰富多元，既可以是严肃的、专业的、深度的评论，也可以是娱乐的、通俗的、碎片的评论；其传播主体不受限制，既可以是专业的媒体机构，可以来自业余写手的个人博客或公众号，也可以是普通的网民。狭义的新媒体体育新闻评论则专指新闻媒体通过网络发布的体育新闻评论，在我国，目前主要指传统媒体网站、传媒集团综合新闻网站或商业网站新闻频道等提供的新闻，也包括数字化广播、电视发布的新闻[①]。

结合当下网络体育新闻评论呈现的特征与趋势，本书按照广义的定义考察新媒体体育新闻评论的范围，互联网本身就是一个社会各阶层动态交融的大语境，"所有人对所有人的传播"已经取代了过去媒体向受众单向传播信息的模式，网络中的每个人都可以是信息生产者、传播者与把关人。在此基础上，网络新闻传播的范围也被扩大了，"网络新闻传播不仅包括事实性信息的传播，还包括意见性信息的传播，即使是没有事实性信息传播为依托的意见性信息传播，例如论坛中表达意见的帖子、博客中阐述观点的文章等，也应被纳入研究的视野中"[②]。因此，再结合前面针对"体育新闻评论"与"新媒体"所下的定义，即"体育新闻评论是公众对当下关于体育运动及其相关的一切领域与事物在所有公共媒体平台上传播意见性信息的一种文体与节目形态，相较一般的新闻评论，体育新闻评论有着自身的特性，它既可以是一种纯粹的说理性文本，也会根据其言说对象的性质带有一定的政治倾向和意图引导功能"，以及

---

① 雷跃捷.网络传播概论[M].北京：中国传媒大学出版社，2010.
② 彭兰，高钢.中国互联网新闻传播结构、功能、效果研究[M].北京：高等教育出版社，2011.

"改变了传统的单线接收信息的媒介使用习惯,赋予受众互动与分享权利的媒介形态便称为新媒体",我们将新媒体体育新闻评论定义为:流通于所有网络化、社交化媒体平台上,由媒体、个体受众或具体组织对当下关于体育运动及其相关的一切领域与事物传播意见性信息的一种文体与节目形态。

第二节 新媒体体育新闻评论的功能与价值

一、新媒体体育新闻评论的功能特征

为了更好地辨析新媒体体育新闻评论的独特性,我们在讨论其特征时与传统媒体的体育新闻评论相比较,并分别从传播学角度、文本角度、功能影响角度来阐释新媒体与传统媒体体育新闻评论的异同。

(一)新媒体体育新闻评论的传播学特征

不同于传统媒体的体育新闻评论,新媒体体育新闻评论之所以能够被海量汇集和极速传播,得益于网络的超文本编辑及链接技术。因此新媒体体育新闻评论的快捷性、即时性已经超过了传统媒体。首先,网络实时传输的特点能够让新媒体体育新闻评论在新闻发生的极短时间内就在新媒体平台上广泛传播。例如,许多评论员为了"抢占先机",会在体育赛事实时播出以及相关新闻实时更新的过程中进行同步评论。同时,为了吸引受众的关注并提高点击率,发布评论的媒体或个人会想方设法创造新的话题。

其次,快速迭代的网络技术和日益普及的智能设备,共同赋能新媒体体育新闻评论发声者,形塑其自主性。用户可以结合热点体育赛事、新近体育事件,第一时间随时随地通过网络媒体发表个人观点,并通过设置话题吸引志同道合者云集于此畅所欲言,网络世界的便捷与平等得以最大限度地彰显。

需要指出的是,新媒体技术的渗透还挣脱了过往文本信息的时空束缚,从纵向与横向两个维度给予用户更多的创作素材和知识养料。具体而言,纵向的时间角度是指用户可以借助网络搜集过去和现在所有的历史资料、比赛数据等;横向的空间角度则是指用户的触角可以伸向世界各个角落,对散落各处的体育新闻与体育事件进行消化吸收。总而言之,网络的快捷即时、平等互动、便捷开放,让新媒体时代的体育新闻评论员得以站在前人的肩膀上汲取营养、打磨己文。

（二）新媒体体育新闻评论的文本特征

自诞生之日起，互联网就具备平民化的内在基因，无中心的节点化传播模式是其重要特征，普通用户获得了相对自由的发言权利。也正是因为参与者的普适性，新媒体体育新闻评论的文本逐渐褪去了过往传统媒体时代的精英主义色彩，语境更加开放，形式更加多元，体裁更加多样。具体而言，过往传统媒体的体育评论文章很讲究章法和体系，基本按照固定模式行文。如今新媒体平台上的体育评论往往不落窠臼，从标题、开篇、语言、结构等各个维度重新建构具有鲜明个人风格特色的文章。

"内德羽则说"可以算是这方面的典型代表，这个由内德、羽则两位资深球迷运营的足球自媒体平台在球迷中具有广泛影响力，其幽默诙谐而又不失专业主义的风格早已圈粉无数。就文章结构和文字表达而言，"内德羽则说"具有鲜明的个人特征。近几个英超赛季开始之前，该平台都会推送关于几大传统豪门看点的连载评论，统一命名为《新赛季看曼联什么》《新赛季看利物浦什么》《新赛季看切尔西什么》等。在文章结构编排中，作者摒弃了过往"开头、观点、论证"的传统模式，取而代之的是通过足球比赛的场上位置，按照门将到后卫到中场再到前锋的顺序，逐一评述该队在人员储备、战术打法等方面的优劣势。新颖的结构、专业的分析，再加上诙谐的表达，让广大球迷在赛季初热切企盼着两人的雄文。

（三）新媒体体育新闻评论的功能特征

首先，网络独有的媒介特质使得新媒体体育新闻评论能够触达更多受众。基于媒介属性的不同，新旧媒体对同一新闻事件、社会现象的评论，就深度、广度和群众的参与度而言都会有所不同。报纸、广播及电视由于受版面或编播的限制，不可能对每个体育事件都发表评论。然而在新媒体时代，因网络自身庞大的存储空间，且不受时间与空间的限制，不仅可容纳平面媒体的所有评论，而且还可在内容上进行深度挖掘、广开言路，让众多读者参与其中发表意见或评论，形成"百花齐放、百家争鸣"的局面。正因如此，新媒体体育新闻评论所造成的舆论效应也比传统体育新闻评论大得多，一些针对热点事件或敏感议题所发表的体育新闻评论，往往能够迅速在网络上引起多方热议，最后形成舆论漩涡，并不断发酵。

其次，新媒体体育新闻评论的匿名性在一定程度上刺激了民意的表达，而传统媒体则缺乏允许人们充分表达不同意见的有效途径，持有非主流观点的人常常迫于舆论的压力而不敢发声，最后形成"沉默的螺旋"。而网络受众与媒体间的交互功能将过去主要通过民间渠道传播的声音引向了主流渠道，使民意的表达更加畅通。因此意见占少数的群体，也能在网上发出自己的声音。

虽然新媒体在一定程度上使得意见表达更加流畅，但我们还是要明确区分新媒体体育新闻评论与意见表达两者之间的异同。虽然两者都依托于新媒体渠道，但是相对于意见表达来说，体育新闻评论对于体育事件的分析具有专业性、系统性和严肃性的特点。意见表达则主要是指受众表达自己的观点和意见，而这种观点和意见往往会带有强烈的主观性和情绪化色彩。需要注意的是，由于缺乏体育新闻评论的专业性和严肃性，再加上为了在新媒体平台上获得更多粉丝、流量和博取更多的关注，一些网络写手往往会陷入一种极端的意见表达。具有一定粉丝和流量的体育新闻评论员，一旦为追求短期的利益而走上情绪化意见表达的道路，不仅会破坏体育新闻评论的严肃性与专业性，对其所在的发文平台的长远发展也会产生极其不利的影响。

随着广大受众越来越成熟和理性，情绪化的意见表达逐渐被冷落，规范的新媒体体育新闻评论将会获得更加长远的发展。但是我们在倡导专业和严肃的体育新闻评论的同时，也不能全盘否定意见表达，因为每一个受众都有对体育事件发表意见的权利，只是这些意见的表达应当建立在事实的基础之上。同时，网络不是法外之地，网民要对自己的言行负责。国家网信办公布的《互联网论坛社区服务管理规定》和《互联网跟帖评论服务管理规定》就明确规定不得向未认证真实身份信息的用户提供跟帖评论服务。匿名只是一种外在的保护形式，实名制的互联网制度让匿名发言日趋理性而不是为所欲为，让广大受众的意见表达在合情合理的同时也符合相关法律的规定。

二、新媒体体育新闻评论的价值

互联网时代，媒介技术的飞速迭代冲击着固有的信息传输模式，也形塑了全新的传播市场格局。在这样的背景下，以传递观点、引导舆论为己任的新媒体体育新闻评论面临着更加严峻的挑战，只有充分认识并积极适应媒介环境的深刻变革，不断提升传播能力，凸显内容价值，才能在新媒体时代的媒介产品竞争中脱颖而出，立于不败之地。

（一）新媒体时代的媒介环境变革

1. 信息海量、内容多元

新媒体时代的一个显著特征，便是信息内容的海量性和多元化。与传统媒体时代相比，生活在互联网环境下的现代人每天所能接触到的信息资源已经呈几何级数增长，过往信息贫瘠、交流不畅的掣肘在新媒体时代几乎烟消云散。用户无论是登录

PC 端还是打开移动应用，所需要的信息都能在第一时间全面呈现。同时，即使用户并未主动搜寻，相关的新闻资讯和信息产品也会被各类媒体平台"殷勤"地集中推送至用户的客户端上。新媒体时代的受众所要担心的不是信息资源短缺，而是如何在数量烦冗、质量参差的资讯群中筛选出真正有价值的内容，尽量从低俗、低质、低效的信息"围剿"中挣脱出来。

2. 时间碎片、空间流动

随着移动应用的深入普及，新媒体产品便捷、轻量化的特征切割了用户的信息消费时间和使用场景，受众的信息接触时间趋于碎片化、接触空间也趋于流动性。正如中国人民大学彭兰教授所言，门户时代是话题信息流，以微博、微信为代表的社交媒体时代则是关系信息流和时间信息流，而如今进入到移动媒体时代，则发展成为空间信息流，即在特定的地理空间上产生或者与某一特定空间有关的所有信息的汇聚[①]。新媒体时代的用户已经很难像传统媒体时代的读者那样，拥有捧着一份报纸完成长篇阅读的"闲情逸致"，为了迎合用户的产品使用时间的碎片化和使用场景的流动性，长篇观点报道和评论也越来越多地与短小精悍的图文结合，甚至是被短视频产品所替代。

3. 万众皆媒、节点传播

毫无疑问，这是一个人人都有麦克风的时代。新媒体技术和应用的普及赋予所有受众以发声的权利，传统媒体时代"我说你听、我播你看"的单向度传播模式不复存在，万众皆媒乃至万物皆媒成为移动互联时代的重要传播特征。媒体网络结构在这一时期被重塑，传播模式开始实现"去中心化"，这让新闻信息的来源发生了颠覆性改变，普通用户广泛而深刻地参与到信息生产和传播活动中。处于社交网络中的每个用户都可以在自己的账号里构建出一个传播中心，它在整个传播网络中是一个传播节点，同时扮演着信息的生产者、传播者与接收者的多重角色。因此，媒体作为信息传播介质的属性正在消解，而作为关系塑造者和维护者的特性正在不断凸显。

4. 社交互动、平台制胜

新媒体时代信息传播图景的变革还表现在用户行为的社交化和优势媒体的平台化。社交互动已经成为用户触媒的主要诉求之一，帮助用户完成信息生产和社会交往也是当前媒体平台的职责所在。在具体的传播实践中，用户的社交活动往往成为新生

[①] 彭兰.场景：移动时代媒体的新要素[J].新闻记者，2015（3）：20-27.

媒介信息的策源地和生发处，新闻信息在经过用户分享、传播、评论之后往往具备更强的渗透力和影响力，从而形成新的话题效应。需要指出的是，新媒体时代的舆情传播具有很强的多平台轮换、互相刺激的跨平台特征，如广场式社交媒体定位的微博承担着舆论公共空间的职能，圈子式社交媒体定位的微信则起到加速信息传播、促使情绪趋同的效应，但是它们的传播内容却可以通过各种形式互相转发和搬移。因此，不同于以往的渠道传输，打造移动互联时代的多媒体平台渐成趋势。渠道是内容到达受众的单一通道，而平台则是内容到达用户的多元路径、复合生态，用户被聚集在平台上，用户与用户也在平台上连接，而且内容生产者与用户汇聚在平台上，用户也可能随时转化为生产者[①]。

（二）新媒体体育新闻评论价值的提升策略

传播图景的变革和传媒格局的重塑，无疑为新闻生产与推送提出了新的命题，在积累的媒介竞争中提升内容传播力、塑造核心竞争力，成为新媒体时代体育新闻评论生产者必须面对的课题。结合时代特点，体育新闻评论价值的提升可以尝试以下路径：

1. 在人云亦云中彰显品质

新媒体时代传播图景变革的一个重要产物是驱使"后真相时代"的到来，也就是说，在当前的网络媒介环境下，客观事实的陈述往往不及诉诸情感和煽动信仰更容易影响民意，而本身就以观点传播立命的体育新闻评论更易成为舆论武器，导致价值偏移和传播失效。碎片化、情绪化的社交传播放大了"后真相"困扰，海量信息的疯狂涌入也让体育迷在资讯海洋里顾此失彼，人云亦云、随波逐流成为参与体育热点事件讨论时最明哲保身的选择。

因此，提升内容质量成为新媒体时代体育新闻评论创作者首先面临的问题。在信息海量增长的新媒体时代，仅仅依靠事实性体育信息供给已经无法满足日益挑剔的体育迷群体，有广度、有深度、有温度的观点性内容成为当今时代体育媒体相互竞争的重要抓手，高质量的产品是体媒平台提升传播效果、有效引导用户、累积平台流量的基础。

---

① 彭兰.传统媒体转型的三大路径：移动化、社交化、智能化［J］.新闻界，2018（1）.

2. 在样态革新中契合场景

从媒介使用形态角度来看，新媒体时代移动端成为信息传播的主流样态。手持移动设备的普及带来两方面的影响，一是新闻的呈现形式更加多样，文本模式逐渐在产品竞争中趋于弱势，图片、GIF 图、音频、短视频都是受众更乐于接受的形式；二是用户的媒介使用场景更加多元，摆脱了客厅或办公桌的束缚，无论是在卧室的床上、上班的地铁上，或者开车时、做家务时，用户都可以随时随地地使用媒介产品。

传播样态的更新要求体育新闻评论的生产者在保证产品质量的同时，还要积极适应和拓展产品呈现形态，以更为多样、更有趣味的形式将评论作品呈现给用户，满足用户在多种场景下的信息阅读需求。相比于传统媒体时代以文字为主的体育新闻评论作品，新媒体时代的评论员需要在短视频、直播、社交软件等方面持续发力。

3. 在众声喧哗中聚合受众

在信息传播速度不断加快、社会参与度日益广泛的新媒体时代，网络动员中的很多活动不再依靠权威的官方组织，而是由趣缘、职缘、地缘等临时或志愿团体开展，虚拟的网络组织和意见领袖获得了更多的社会动员机会与社会资本。话语权的确认使得普通体育迷拥有各抒己见的自由，但是这也意味着舆论场将变得更加喧闹，体育迷之间因地缘因素或主队倾向而形成的小团体很容易在不良信息的诱导下形成危害社会的潜在力量。在这种背景下，体育媒体平台必须承担自身的舆论引导责任，借助高品质的评论作品和多样态的呈现方式，在平台内打造球迷趣缘社区，形成具有凝聚力和感召性的舆论声势，避免平台上的球迷陷入极端。

4. 在渠道失灵中夯实阵地

如果说铅字是"阐释时代"，电视属于"娱乐时代"，那么互联网时代的核心则是分享与参与。新媒体时代，媒体不再是人们用来认识世界的一种渠道，也是用来实现自我建构和自我认知，建立社会网络、获取社会资本的重要渠道之一。体育迷的媒体参与同样如此，在球迷社区发言互动的网友一方面可以分享自己的见解和观点，另一方面也能在与其他个体的交流互动中掌握新知、获取认同。因此在新媒体时代，体育新闻评论的生产和传播需要涵盖分享和反馈这两大要素。在单一渠道逐渐失灵的背景下，分享与反馈是促使评论观点实现有效传播的基础要素，也是体育媒体平台夯实阵地、增强竞争力的关键抉择。

总之，新媒体时代的体育新闻评论传播媒介，已经从海量资讯的聚合发布应用和社交网络的交互型应用，进化为介入生活场景、聚合内容发布、实现多元素呈现的完整移动平台。体育新闻评论在内容质量、文本形式、传播渠道等层面都出现了全新的要求，同时为了完成有效传播和舆论引导，体育新闻评论作品需要具备引起转发、带动参与、符合场景、适配平台等多重要素。

本章思考与练习

结合新媒体时代的传播格局，归纳总结当前体育新闻评论在传播中所面临的问题。

第四章 呈现：新媒体体育新闻评论的生产创作

本章学习要点

- 新媒体体育新闻评论的呈现方式
- 新媒体体育新闻评论的创作主体
- 新媒体体育新闻评论者的素质要求

内容提要

媒介技术的发展促进了体育新闻的传播，带动了一批体育爱好者执笔创作，传统体媒人、跨界生产者以及成熟自媒体人借助文字、视频、音频等各种形式传递各自的观点，在同一场域释放各自的能量，形成体育新闻评论的百花齐放。体育新闻评论员必须适应移动互联时代的新需求，在专业技能、个人性格、知识储备等层面不断提升自身素质，生产出适应媒介形式、满足用户需求的观点类信息。

第一节 新媒体体育新闻评论的呈现方式

一、文字评论——犀利武器、核心抓手

传统媒体时代，报纸和杂志承载了一代代中国体育迷的青春记忆，毕熙东、李承鹏、周文渊等人的足球评论，见证了众多资深球迷的成长与成熟。进入新媒体时代，过往呈现于报端的文字评论受到了短视频产品和快节奏消费的双重夹击，逐渐失去了往日的荣光。然而，媒介环境的变迁无法削减文字的力量，优质、深刻的文字评论作品依然是新媒体时代体育舆论场的核心武器，所谓"内容为王"即是如此。

每一次重大体育事件发生时，围绕热点话题所展开的评论便会借助各大新媒体渠道蜂拥而至，体育新闻评论员凭借手中的生花妙笔向用户传递着自己的深刻洞见和犀

利评点。

北京时间 2018 年 12 月 4 日凌晨，该年度《法国足球》金球奖的颁奖典礼在巴黎温斯顿丘吉尔大道的大皇宫举行。最终莫德里奇获得金球奖奖杯，在梅西和 C 罗包揽 10 年之后，金球奖终于迎来新王。C 罗名列第二，格列兹曼排名第三，姆巴佩位居第四，而梅西仅列第五位[①]。莫德里奇荣膺桂冠之后，与赞誉和敬仰一同而来的还有对本次金球奖评选的质疑和猜测，究其原因在于部分媒体和球迷认为克罗地亚巨星并不具备绝对的捧杯实力。在质疑者眼中，莫德里奇尽管在过去一年跟随皇马捧起欧冠奖杯，并在 2018 年俄罗斯世界杯上带领祖国球队奇迹般获得亚军，但是就个人影响力、感召力而言，皇马 10 号还尚欠火候，尤其是和前队友 C 罗不可相提并论。

质疑者的言论有一定道理，毕竟从进球、助攻等绝对数据而言，莫德里奇并不具备傲视群雄的优势，也很难像其他巨星一样凭借一己之力在危急时刻"挽狂澜于既倒"。但理性而言，苛责莫德里奇捧杯的含金量实属盲从与偏见，网络上的质疑声显然是对克罗地亚巨星在过去一年所取得的辉煌成就的最大蔑视，因为无论从精神属性还是战术价值而言，坐镇中场的莫德里奇都是国家队和俱乐部的双料核心，克罗地亚和皇马能在 2018 年度所向披靡，"魔笛"居功至伟，他完全有资格、有能力捧起这座金球奖奖杯。正当网络上对莫德里奇捧杯的质疑不断发酵之际，著名足球评论员、"体坛 +"总编辑骆明及时借助新媒体平台积极发声，为广大球迷提供最权威、最专业、最细致的解读和评述，很大程度上消解了互联网上关于该事件的无谓争执。

图 4-1 "体坛 +"总编辑骆明在新媒体平台上发表对莫德里奇获得全球奖的评论

作为金球奖中国的唯一评委，骆明围绕此次评奖事件连发三篇文字评论，详细而

---

① 莫德里奇加冕金球奖 打破"梅罗"10 年垄断［EB/OL］.（2018-12-04）［2020-08-31］.http：//sports.cri.cn/20181204/3209a617-bef3-252e-4ddl-d86470cafaof.html.

深刻地论述了莫德里奇的价值与贡献，鲜明地指出"魔笛"的获奖是实至名归。同时在第三篇评论中，骆明从莫德里奇引申开来，论述了小个子球员在当今足坛的重要作用，无论是专业性还是深刻度都令读者叹服。这三篇掷地有声的文字评论就像是一把锐利的思想武器，成为体媒人有效引导舆论、破除偏见的核心抓手。应该说，文字所具备的洞见与深刻在新媒体时代依然具备强大的传播力和影响力。（扫描下面的二维码，即可阅读三篇评论全文。）

金球奖系列评论之一　　金球奖系列评论之二　　金球奖系列评论之三

二、视频评论——科技赋能、抢占风口

相比于传统的文字评论，新媒体时代视频产品显然更受用户青睐。这一方面归功于传媒科技和通信技术的进步，为移动应用和智能产品的推广提供了强大的技术支撑；另一方面则是由于视频产品恰好契合了新媒体时代用户移动化、快消化的媒介接触场景和习惯，能够满足受众的媒介需求。毫无疑问，视频产品已经成为移动互联时代的宠儿，抢占了新媒体时代的风口。在体育新闻评论领域，视频作品也已被大量应用于产品呈现和信息传递之中，2018年俄罗斯世界杯期间就涌现出了多款网络足球评论节目，并且取得了良好的收视效果。

图4-2　新媒体足球评论节目《白看世界杯》（左）和《宏观世界波》（右）

白看世界杯：　　　　　宏观世界波：
梅罗出局 要走就一起走　梅罗双骄时代告别

（扫描上面的二维码收看节目，看看两位大咖如何点评梅罗告别）

俄罗斯世界杯期间，白岩松和刘建宏两位著名主持人均在优酷视频上开通了各自的足球评论节目，分别命名为《白看世界杯》和《宏观世界波》。在节目中，两位大咖级体育新闻评论员针对世界杯赛程中所发生的热点事件和舆论焦点发表观点。两档节目虽有时长和播出频次差异，但由于两位评论员自带流量且运用了视频作品这一更易为用户接受的媒介形式，因此赢得了广大球迷的好评。

当然，新媒体时代的体育新闻评论不仅仅局限于视频节目，随着各大直播平台的兴起，网络直播已经成为传播体育新闻评论的重要渠道。移动互联时代，无论是普通球迷还是专业体育媒体人，都可以借助直播软件随时随地发表自己对相关赛事的看法，并且与其他用户通过弹幕的形式完成线上交流互动。网络直播所具备的便捷、及时、互动的特性，使其成为新媒体时代体育新闻评论的新兴传播方式。

三、音频评论——契合场景、用户至上

视频评论之外，借助音频传播体育新闻评论在近些年同样发展迅速。与视频节目生产时需要具备严格的技术条件和硬件设备不同，音频作品的创作相对简单易行，便于将评论员的丰富观点传递给用户。更重要的是，音频媒介的使用降低了用户的流量和注意力成本，最大限度地契合了球迷的多场景需求，球迷可以在坐地铁、开车甚至做家务的同时收听喜欢的评论节目。

以喜马拉雅、蜻蜓FM为代表的客户端正是当前体育音频评论的主要创作阵地，职业体育新闻评论员和普通自媒体运营者都在此类应用上开设栏目、传播观点。比较典型的就是《体坛周报》，作为纸媒时代体育资讯平台的头部媒体，《体坛周报》也在新媒体时代积极尝试转型，"体坛+"客户端正是这样的时代产物，而在喜马拉雅上开通音频节目同样是一项有益举措。《体坛周报》推出了本平台的音频节目《足球第一视角》，每期邀请两到三位体育记者就热点话题进行讨论。同时，《体坛周报》还为各专项记者量身打造一款音频节目，对近期的重要体育事件加以点评，比如乒羽

专项记者李婷的《乒羽漫谈|婷姐FM》、西班牙足球专项记者武一帆的《帆看世界|武一帆电台》、英格兰足球专项记者刘川的《川行英伦》，等等。参与音频节目创作的编辑记者都是入行多年的资深专家，在各自领域有着深厚积累和深刻洞见，因此其音频评论专业犀利、切中肯綮，能够最大限度地满足"硬核球迷"的信息需求。

另外需要指出的是，新媒体时代的信息传递早已摆脱了单一介质的束缚，演变为多重媒介形式的融合传播，体育新闻评论生产者也在尝试通过各种形式的交织来确保信息更广泛、更及时地触达用户。例如前文提及的《2018世界杯体育评书》，不仅在爱奇艺这一视频平台进行直播，同时也会在喜马拉雅App上以音频的形式呈现，如此一来，处于不同场景和状态的用户的信息需求都能得到满足。

第二节　新媒体体育新闻评论的创作主体

一、传统体媒人

提及体育新闻评论员，很多资深球迷脑海中可能会浮现出杨毅、苏群、周文渊、董路等人的名字。的确，这些在体育媒体与传播中深耕几十年的大咖人物已经成为各自领域的专家，他们的体育新闻评论作品在球迷群体中拥有极高的威望和影响力，很多热点赛事结束后球迷都在等待他们的观点。历经传统媒体时代的洗礼与积累，这些拥有丰富经验的媒体人如今依然是新媒体领域体育新闻评论生产的主力军和领航者，他们或笔锋犀利，或高屋建瓴，或风趣幽默，成为体育舆论场上最具影响力的意见领袖。

二、跨界创作者

在专业体育记者和评论员之外，新媒体时代的体育新闻评论创作者还有一个重要组成部分，即跨界生产者，这一群体的来源主要有两个方面，一是职业运动家，二是媒体从业者。

（一）职业运动员、教练员

这里主要是指从事相关体育项目的专业教练员或运动员，他们往往会在业余时间接受体育媒体的邀请担任嘉宾，对相关赛事或热点事件加以评论和分析。由于拥有职业运动员、教练员的经历和体验，这些评论嘉宾的体育新闻评论往往更具专业性，对赛场上的运动员或体育事件的当事人有着更真切的理解和更直观的感受，因此其评论作品的内容更具权威性，附加值也更高。

项目	体媒人物	供职媒体	主要职务	公众号名称
足球	骆明	体坛+	总编辑	——
	马德兴	《体坛周报》	副总编辑	德兴社
	周文渊	《体坛周报》	首席评论员	——
	白国华	《足球报》	资深足球记者	白话广州
	颜强	肆客体育	创始人、资深媒体人	颜强
	刘思远	中央电视台	足球记者	思远嘚吧嘚
	董路	PP体育	著名解说员	老董评球
	尹波	《济南日报》	副总编辑、高级记者	尹波说球
篮球	杨毅	《体坛周报》	副总编、篮球部主任	杨毅侃球
	苏群	《篮球先锋报》	总编辑	苏群
	朱彦硕	腾讯体育	著名评论员	朱老湿開火车
	于嘉	中央电视台	著名主持人、解说员	于嘉
	王猛	《体坛周报》	篮球记者、评论员	王猛
	张佳玮	——	作家	张佳玮写字的地方
综合体育	张斌	中央电视台	著名主持人	张斌
	杨健	中央电视台	田径、篮球解说员	杨健的健体育
	张奔斗	《体坛周报》	资深网球评论员	好动网球
	陈均	澎湃新闻	高级记者	——
			注：上述排名不分先后	

图 4-3　当前主要体育新闻评论员及其微信公众号列举（本书作者整理）

在国内足球解说领域声名远扬的张路正是这样一位出色的跨界生产者。张路是职业足球运动员出身、司职门将，目前仍然在中超北京国安俱乐部任职，他时常会接受媒体邀请担任欧洲足球赛事的解说评论工作或体育新闻评论专栏的写作。正是由于拥有职业球员经历，并且长期任职于足球俱乐部，张路对比赛的解读和分析令球迷广为称赞，在球迷中享有极高的人气，他的评论作品同样展现了自己的深刻认知和独到见解。

2019 年 1 月底，中国男足在亚洲杯 1/4 决赛中 0 比 3 不敌伊朗被淘汰出局，球队主帅、意大利人里皮也结束了自己在中国的执教生涯。里皮卸任后，关于"银狐"在任两年多以来的功过评点众说纷纭，此时张路也就此事在微信公众号"体育产业生态圈"上发表专栏评论，题目为《里皮证明：中国足球无捷径》。在文中，张路提出"中国足球今天的命运在 20 年前就已经决定了"，并且在肯定里皮功绩的同时，明确指出"中国足球的根本问题不在教练,而在基础",可谓一针见血、直击要害,无疑是众多同话题评论中的上乘佳作。(扫描下面的二维码,即可阅读张路老师大作的全文。)

张路专栏
里皮证明:中国足球无捷径

(二)媒体从业者

这一部分的媒体从业者主要指非体育记者,即其他领域的媒体人,他们往往在大型体育赛事期间或重大体育事件发生时借助各大新媒体平台发表个人观点。前一章节中提及的《白看世界杯》节目正是作为央视新闻节目主持人的白岩松在俄罗斯世界杯期间开设的一档临时性的个人足球评论节目。

相比于体育媒体人和职业运动员、教练员,媒体从业者的体育新闻评论的视野更为宏大,意境更为深远,他们不再拘泥于具体的技战术分析和赛事复盘,而是从更广义的角度审视体育比赛和运动个体,会在评论作品中融入更多的文化元素和哲学思辨,将具体运动项目与人生抉择、生活哲理有机融合,从而以探寻体育运动本质、弘扬体育精神为主旨追求,在传播效果层面具备更强的渗透性和影响力,容易突破"硬核球迷"这一核心圈层,在更广泛的社会领域和舆论场域赢得青睐。

三、成熟自媒体

在这里需要再次重提中国足球迷都不陌生的博文《大连金州不相信眼泪》,1997年10月31日,中国队坐镇大连金州迎战卡塔尔队,结果中国队以2比3输掉比赛无缘一年后的法国世界杯。资深球迷"老榕"(本名王峻涛)在赛后创作了这篇文章,用2000多字的篇幅阐述自己与儿子看球的经历,并把文章发到了四通利方的体育沙龙上。该文发出短短48小时后,点击量就达到数万,这一流量在当时的互联网环境下简直不可思议,无数网民留言说:老榕让他们"热泪盈眶"。《大连金州不相信眼泪》更是被尊称为中国足球第一博文。

互联网刚刚进入中国之际,一篇由普通球迷创作的博文都能在网络上引发巨大反响，新媒体时代，以往由专业媒体人主导的大众传播已经扩展为全民参与的传播，无处不在的自媒体，既是对专业媒体的一种延伸，也是对专业媒体的一种资源补充。在体育新闻评论领域，成熟自媒体已经成为专业媒体能量的放大者，他们借助各种新媒体形式生产的评论作品，从数量上来说已经占据了市场主流，其影响力也在不断扩大。在新媒体时代，体育媒体平台上涌现出了越来越多的写手，可大致分为以下几种。

（一）数据分析型

数据可视化让读者对于赛事的了解变得更加简单和便捷，对赛事的分析和解读也会更加深入和直观。同时我们也要注意以下几个问题：第一，专业问题。由于技术分析型评论要求作者有深厚的理论知识和体育历史知识，并且要求作者对技战术风格有着熟练把握，因此，作者需要站在专业的角度，用理性的思维去看待问题。第二，客观原则。观点要站得住脚，不能前后自相矛盾，否则会使观点失之偏颇，给人以不客观、不公正的感觉。第三，对数据的把握需全面而完备，不能以偏概全，更不能胡编乱造。

（二）引经据典型

除去体育运动中的技战术外，引经据典型评论也是在各大新媒体体育新闻评论中不能忽略的一个分支。与单纯的技战术相比，引经据典型没有将注意力完全集中在比赛本身，而是注重一场比赛、一个体坛事件或一个体育人物在历史、文学等方面的映衬下所显露出的别样风采。这样的评论，也受到了一部分非专业性读者的喜爱。引经据典型体育新闻评论应该注意以下几个方面的问题：

第一，熟悉背景。评论员只有全面掌握体育事件或体育人物的背景知识，才能在评论时做到如数家珍、举重若轻、信手拈来，写出的评论才有深度。

第二，善于联想。引经据典型的体育新闻评论要善于联想和对比，这样才会产生纵深感。例如，"懂球帝"中的"刘强专栏"曾发过一篇足球评论《文艺复兴2.0版，新蓝军向传统致敬》，将切尔西意大利主帅孔蒂现有的战术打法与传统的战术打法进行联系和对比，将它比喻为"文艺复兴"的2.0版本，既向传统致敬，又体现作者深厚的体育人文功底。

第三，充满情感。体育新闻评论不同于一般体育新闻报道的地方就在于它有一定的抒情功能。引经据典型的评论往往融入了作者自己的感情，这样的评论有血有肉，更容易打动读者。

（三）轻松娱乐型

现如今，体育娱乐化成为一种潮流，软性的、轻松的、调侃式的评论受到了读者的喜爱。以已经停刊的《南方体育》为代表，它充满娱乐风格的评论与周文渊式的技术分析型评论截然不同，在强调体育娱乐化倾向而淡化技术的同时，也表现出更加桀骜不驯的藐视权威的特质。在这个个性十足的年代，娱乐化评论常常以有趣、调侃的笔调在一定程度上受到部分读者的青睐。当然，娱乐化的评论因其人性化的表达和戏剧性的场景也受到了非专业体育迷们的深深喜爱。"体育不仅仅是体育，如果我是一个标准的球迷，为什么要看你们整天讲那些人人都知道的东西呢？我还想娱乐，想通过阅读获得一种快感"，这段话非常形象地揭示出喜欢这类评论的受众心理特征。娱乐化的体育新闻评论已经成为个性自由发挥的最好舞台，嬉笑怒骂皆成文章，虽然严格说来它们是非体育本体化的表现，但是目前从受众的关注度上来说，娱乐化似乎已成为大势所趋。

娱乐化的新媒体体育新闻评论也要注意一个问题，就是要避免泛娱乐化趋势。随着体育娱乐化趋势的愈演愈烈，著名运动员比以往任何时候都更多地被八卦甚至被狗仔队追踪，体育明星的私生活更是被多次曝光。因此，在写作娱乐性的体育新闻评论时，作者要特别注意把握好尺度，不能将娱乐过度泛化或是无序化甚至低俗化，要引导受众将注意力转移到事件内在的影响上来。

需要指出的是，用户生产内容的 UGC 模式尽管已经在新媒体时代的信息生产中占据越发重要的地位，但是自媒体本身的内容质量和舆论倾向还有待提升与引导。在营销号、毒鸡汤日渐风靡的舆论场，专业媒体需要积极履行自身的把关与筛选职责，净化媒介环境，确保高质量的自媒体产品得到更广泛的传播。毕竟，在万众皆媒的时代，高专业度的内容生产者仍然具有标杆性的作用。

第三节　新媒体体育新闻评论者的素质要求

新媒体的迅猛发展，媒介融合的不断推进，不仅对传统的新闻传播行业带来冲击，更是对新闻传播人才提出了更高的素质要求。相比于传统媒体，新媒体时代对于体育新闻评论人才无论从技能、性格，还是素养层面的要求都更加多元、更为细致。综合而言，新媒体时代的体育新闻评论创作者不仅需要具备扎实的文字功底、熟稔的媒介技能，而且能够承受作为体育新闻评论员与生俱来的职业压力，同时还需要在夯实专业知识的基础上具备人文情怀，因为有温度的评论人才能写出有深度、有力度的评论作品。

一、技能层面：文字驾驭与媒介使用

体育新闻评论者素质要求的第一个层次是个人技能，其中包含两个方向，即文字驾驭和媒介使用。

所谓文字驾驭，是指评论生产者必须具备扎实的文字功底。这一点在新媒体时代文字逐渐式微的背景下看似并不重要，仿佛只有传统媒体才对评论员有文字上的要求，但其实文字的价值在媒介融合的时代背景下仍然不断被凸显，出色的文笔作为体育媒体人的基本技能，同样也是体育新闻评论员在移动互联时代取得长远发展的核心竞争力。

媒介使用则是指体育新闻评论员对各大新媒体应用的了解与使用。在移动互联时代，兼具新闻资讯与社交分享的智能应用层出不穷，随着 5G 移动通信技术的普及和流量资费的进一步下调，信息传播已经突破介质束缚，迈入多媒体融合传输的新阶段。在这样的传播格局中，体育新闻评论生产者必须要了解各类新媒体应用的传播规律，并能够熟练使用。新媒体时代的体育新闻评论必须树立用户思维，选择最合适的媒介，将最新鲜的观点及时精准地传递给用户，满足体育迷在各类媒介场景下的信息消费需求。

二、性格层面：压力应对与评论自信

传统媒体时代，信息传输更多是单向度模式，掌握话语权的传媒机构掌握着绝对主动权，媒介舆论场呈现"我说你听"的势力格局。然而进入新媒体时代，互联网技术的普及为每一位用户提供了发声机会，话语权的确认加速了舆论场的喧嚣，广大受众从过往单纯的倾听者逐渐进化为生产者、参与者、评论者。

受众自身权利的丰盈和角色的多元导致当前的网络舆论环境更加复杂、难控，热点事件出现时社交媒体上层出不穷的争执恰好印证了这一点。对于体育新闻评论而言更是如此，每一个观点和立场都会被广大球迷放在显微镜下细细围观审视，而在主队情结深厚、地域撕裂严重的体育舆论场，想要调和或满足各色球迷的观点需求本就难上加难。应该说，新媒体时代的体育新闻评论员所面临的舆论环境更加汹涌，所承受的职业压力有增无减。

当然，发声风险的陡增和媒介环境的变革并不意味着体育新闻评论员就该和稀泥或者保持缄默。相反，舆论态势的激荡才更需要评论员树立评论自信，凭借自己对体育事件的独到解读和深刻剖析帮助体育迷厘清真相。

三、素养层面：专业积淀与人文情怀

在个人素养层面，新媒体时代的体育新闻评论员需要在专业知识和人文情怀两个层面不断充实和积淀，确保自己的作品能在喧嚣、浮躁的网络环境中别出心裁、独树一帜。

专业知识主要是指体育新闻评论员需要长期跟踪所评论的运动项目，对该项目有着深厚的知识储备和资源积累，包括对项目历史、发展规律、技战术打法风格，以及前沿信息等方面都应该了如指掌。从这个层面来讲，体育新闻评论员并不一定在技术上绝对擅长某一项目，但绝对是该领域通晓古今的专家。

著名体育学者胡小明认为，中国体育观念的更新越来越需要从更大的视角来思考，需要构建观念更新的理论基础，而非局部功能认识和看法上的改变。他在《论21世纪中国体育人文价值观念的确立》等文中，提出在遵循人文价值理论体系基础上，从未来人类发展的宏大视野上，树立中国体育人文价值观，建立发展理想，融入世界普世价值之中，为世界体育发展做出贡献[①]。

聚焦到体育新闻评论领域，传播者的人文情怀在新媒体时代显得尤为重要，优秀的体育新闻评论作品不应该局限于运动和比赛本身，而是把体育竞技升华到更为高昂的价值层次，为受众诠释出更为多样的文本内涵。

随着时代的变革与社会的发展，传统媒体的式微无法避免，新媒体汹涌发展的势头也将持续推进。体育新闻评论员必须适应移动互联时代的新需求，在专业技能、个人性格、知识储备等层面不断提升自身素质，生产出适应不同媒介形式、满足受众需求的观点类评论。

> **本章思考与练习**

1. 任选一位你喜欢的著名体育新闻评论员，分析其作品风格。
2. 请阅读材料：

2021年以来，中国足球各级职业联赛中已有多支球队宣布退出。据国内媒体报道，中国足协原本要在3月23日宣布新赛季职业联赛的准入名单，但因为紧急情况而延迟发布。有消息称是因为北体大、淄博蹴鞠以及内蒙古中优等队临时出现变故。

---

① 石龙.胡小明体育人文研究成果评述[J].体育学刊，2015，22（3）.

以津门虎、江苏队为代表,中国职业足球俱乐部被曝玩不下去的声音越来越多,这背后的本质原因是什么?反映了中国足球的哪些问题?

请你就此话题,分别完成一篇800字左右的文字评论、一条1分钟左右的短视频评论、一条3分钟左右的音频评论,注意不同呈现方式的语言和逻辑特点。

拓展阅读一：这些年，活跃在一线的评论员

内容提要

本章列举了近年来活跃在体育传媒一线的大咖级解说员和评论员，他们或长于战术分析，或精于语言表达，在各自领域都有着极其深厚的知识积累和独特的观点视野，是引领当代体育传媒不断向前的时代弄潮儿。了解前辈体育评论员的故事、品评精英的风格，对每一位年轻的体媒从业者和初学者而言都是必修课。限于篇幅，本文只列举了时代巨人中的十位，还有更多前辈值得我们去研究和学习。（注：排名不分先后）

一、詹俊："巨大巨大超级超级低级的失误！"

人物档案：

詹俊1972年出生在广东潮州的一个书香门第，毕业于中山大学，现就职于苏宁旗下的PP体育，主要解说评论网球和足球赛事，当然他最擅长和熟悉的还是英超。

过往经历：

詹俊原本的工作并不是解说员，1995年他在广东电视台实习，主要负责翻译各种体育新闻、协助解说员收集整理资料的工作。大学毕业，他放弃了奔驰提供的工作机会，正式进入广东电视台。詹俊在大学期间曾代表中山大学参加全国大学生网球赛，所以他最先解说的不是足球而是网球，曾在1996年作为嘉宾解说了当年的ATP网球年终总决赛。一个偶然机会，詹俊进入足球解说领域中，1997年英超版权供应商希望在大陆加价，被拒绝后，1997—1998赛季前半个赛季的英超比赛也因此在大陆暂停播出，然而在年底又突然恢复直播。由于事件变化太快，国内一时间找不到解说嘉宾，于是体育新闻评论泰斗王泰兴把当时战战兢兢的詹俊硬拉上了解说席，解说

了利物浦和纽卡斯尔的英超比赛，这是詹俊第一次解说英超，王泰兴对詹俊的表现也很满意，此后两人便开始搭档解说英超比赛。詹俊的事业在 2001 年发生了巨大的变化，他加盟了体育电视网 ESPN 在新加坡成立的 ESPN 卫视体育台（简称 ESS），詹俊在 ESS 不但解说比赛，还要播新闻、录集锦节目。在新加坡的 11 年，詹俊的名气不断上升，2012 年，因为 ESS 的英超直播只在台湾地区播出，一心想要回馈大陆球迷的詹俊接受了新浪抛来的橄榄枝，回到了大陆工作。

近年由于国内英超直播版权的几经更迭，詹俊也先后在新浪体育、PPTV 第一体育和乐视体育就职。2017 年 7 月，詹俊在新浪微博宣布再次回到 PPTV 聚力体育，目前他在 PPTV 主要担任英超和欧冠比赛的解说评论，由他配音与讲解的特色英超节目《英超精华·观詹》也是众多英超球迷每期必看的节目。

个人风格：

詹俊被誉为当今"国内英超解说第一人"，对英超有着全面而深入细致的了解，解说评论功底十分深厚。每一场解说，他都能全身心地投入其中，不仅讲述了大量的场内和场外的新闻与信息，而且反应敏捷、解说精准、评论新奇，深受球迷喜爱。他曾表示，解说评论员一定要读懂镜头语言并清晰明白地解释给观众，这是衡量解说是否专业的标准之一。詹俊最为球迷称道的则是他作为解说员所具备的客观中立的职业素养，尽管他是英超球队利物浦的死忠球迷，

詹俊
欧冠决赛解说卡里乌斯低级失误

但是在解说主队比赛时从不偏袒，而是客观、准确地评述比赛走势，体现出一个优秀解说评论员良好的专业素养。

2017—2018 赛季欧冠决赛，詹俊所支持的球队利物浦与皇家马德里会师决赛，结果在比赛中红军门将卡里乌斯出现低级失误直接送给对方一粒进球。面对主队如此窘境，詹俊当时的解说同样也成为本场比赛之后球迷热议的焦点。（扫描下面的二维码，回看当时的经典解说视频。）

二、黄健翔："你不是一个人在战斗！"

人物档案：

黄健翔 1968 年出生于重庆永川，毕业于外交学院，目前为自由职业者，偶尔作为嘉宾参与评论中国足球的比赛，曾出版自传《像男人那样去战斗》、专著《足球根本不是圆的》等。

过往经历：

黄健翔 1994 年进入中央电视台体育部，1995 年首次在中央电视台出镜，与李惟淼合作转播美洲杯足球赛。2001 年，他在中央电视台央视国际网站举行的第一次观众投票的网络评选中荣获"中央电视台十佳主持人"称号。在中央电视台的十二年间，黄健翔多次参与奥运会、亚运会等大型体育盛会的解说和评论工作，同时还解说了各类大型的足球比赛。2006 年，他因故从中央电视台离职，加入凤凰卫视，两年后，又加盟国内体育联播平台 CSPN，此后几年，他在国内各大卫视和乐视网留下过自己的足迹。2015 年 6 月，黄健翔与白强、斯内德合伙创立了首款体育 O2O 产品"动吧"，又于 2016 年 5 月 17 日与刘建宏、高晓松合作主持乐视体育谈话节目《新三味聊斋》。黄健翔不仅在体育方面有建树，还曾多次参演电影和电视剧，此外还演唱过《你不是一个人》等多支单曲。

个人风格：

黄健翔拥有丰富的足球知识，信息汇总与整合能力很强，善于捕捉赛场内外的时事动态，再加上他一贯以来风趣幽默的表达方式，深受观众喜爱。黄健翔在解说与评论时常常会融入自己的情感，这往往是一把双刃剑，它既可以帮助解说员俘获观众的心，但是一旦情感过于强烈，则会有违职业规范和道德，2006 年世界杯解说就是典型案例。（扫描下面的二维码，回看当时的经典解说视频。）

黄健翔
2006 年世界杯经典解说

三、苏群："写东西昧着良心是不行的。"

人物档案：

苏群 1968 年出生于江苏无锡，毕业于国际关系学院（北京）国际新闻系，是我国著名的篮球评论员，现任《篮球先锋报》总编辑，也经常在腾讯体育和 CCTV5 担任篮球解说嘉宾。

工作经历：

苏群 1992 年起供职于《中国体育报》国际部、篮球类部，1993 年起担任 CCTV 篮球转播的嘉宾和顾问，1996 年开始现场采访和报道 NBA 比赛，是国内第一位实地采访 NBA 比赛的文字记者，2000 年起供职于《体坛周报》篮球部，2004 年创办《篮球先锋报》并担任总编辑。

个人风格：

苏群的个人信条是："可以不说真话，但一定不会说假话。"他喜欢用大量的数据来证明自己的观点，会使用表格或者视频的形式让评述更加清晰直观，体现出严谨、科学的态度，因此他的作品的可信度与专业性较高。苏群在社交媒体上十分活跃，常常和粉丝互动，言辞幽默亲切、性情耿直，但他在回答粉丝问题时也十分谨慎，从不胡编乱造，也不夸大其词，体现出实事求是的职业素养。

苏群
写东西昧着良心是不行的

四、张路："嘿嘿，嘿嘿"

人物档案：

张路 1951 年出生于北京，毕业于北京体育学院运动系足球班，曾担任北京足球队守门员，目前在苏宁旗下的 PP 体育担任足球赛事解说和评论工作。

过往经历：

张路 1973 年考入北京体育学院运动系足球班，毕业后在北京足球队担任守门员。1979 年，张路选择退役，随后被分配到北京体育科研所，从事足球理论研究工作。1991 年获得北京体育学院硕士学位，也是从这一年开始在中央电视台解说评论意大利足球甲级联赛。1996 年，张路进入国安足球俱乐部任总经理，2000 年起改任北京国安俱乐部副董事长，2005 年在意大利驻华大使馆获得了意大利"仁惠之星骑士勋章"，他也是第一位获得此勋章的中国体育界人士。目前，年近古稀的张路加盟了 PP 体育，再次回归了他所喜爱的解说评论席。

个人风格：

张路曾经是一名职业足球运动员，又于体科所研究过足球技战术，因此他在足球理论方面有很深的造诣，他能从球员的角度来进行深度解说与评论，对足球内在规律的掌握和赛场形势变化的把握十分专业，常常能在解说评论时做出一些"神预测"。张路的解说评论专业而幽默，氛围轻松、妙趣横生，还常常"嘿嘿"一笑，"嘿嘿"就成了张路被广大球迷网友所熟知的一个"标志性动作"，大

张路
专业球员出身的解说员

家便给他起了个亲切的外号叫"张嘿嘿"。他和詹俊搭档解说比赛，对球迷来说是一种享受，詹俊负责讲述赛场内外的信息，张路则负责讲述战术和预测赛场变化，现在这对组合又在PP体育重聚。（扫描下面的二维码，来感受一下张路精彩的战术分析吧。）

五、贺炜："弓开如秋月行天，箭去似流星落地"

人物档案：

贺炜1980年出生于湖北十堰，毕业于武汉海军工程大学，现担任中央电视台体育频道足球评论员。

过往经历：

2001年，贺炜在大学期间参与了中央电视台《挑战主持人》的节目录制，得以认识刘建宏、黄健翔等体育赛事主持人。2002年，贺炜正式进入中央电视台体育频道。初入央视，贺炜只是参与编辑和配音等幕后工作，直到2006年世界杯期间，他通过主持大型节目《豪门盛宴》和解说部分世界杯比赛才开始逐渐由幕后走向台前。经过几年时间的努力，贺炜在2010年南非世界杯解说席上大放异彩，因其华丽诗意的解说文采而被大家称为"吟游诗人"。目前贺炜的事业处在巅峰时期，他作为前方解说员曾多次解说世界杯、欧洲杯等大型足球赛事。在刘建宏、段暄相继离职之后，他还接过了《足球之夜》的主持棒。

个人风格：

在2010年南非世界杯期间，贺炜在解说比赛时多次引用国内外经典故事和词句，从而获得了"吟游诗人"的称号。也有很多观众将他视为哲人，因为他心态平和，对足球和生活保持着自己的观察与思考，常常在引经据典后阐发足球场上和场外的人生哲理。贺炜在解说时很少发出激情的呐喊，解说风格相对较为沉稳和专业。（扫描下面的二维码，收看贺炜的经典解说集锦。）

贺炜
诗人的经典解说语录

六、杨健："比赛开始！"

人物档案：

杨健 1978 年出生于北京，毕业于北京广播学院（现中国传媒大学）播音系，现担任中央电视台体育频道篮球和田径比赛的评论员。

过往经历：

杨健在 2000 年中央电视台举办的全国体育解说员大赛中脱颖而出，顺利入职中央电视台。杨健的事业可以用"顺风顺水"来形容，刚刚进入中央电视台体育频道便开始解说 CBA、NBA 联赛和田径比赛。虽然杨健主要负责篮球比赛的解说和评论，但是因为他曾是跨栏项目的运动员，所以对田径比赛的解说评论可谓相当专业。

个人风格：

杨健的田径解说备受好评，一方面是因为他极具激情和穿透性的声音，另一方面是因为他在田径方面的专业性和对比赛队员的熟悉。田径运动员出身的他在解说比赛的时候能够专业而准确地分析运动员的技术特点和优势劣势，还能如数家珍般地介绍每一名运动员的详细信息，这与他平常的积累和赛前的准备是分不开的。杨健最让人记忆深刻的是 2004 年雅典奥运会刘翔夺冠时的那段饱含激情热泪的解说评论，以及他在 2012 年伦敦奥运会刘翔受伤退赛时的哽咽，还有他在每场比赛开始前的那一句"比赛开始！"（扫描下面的二维码，一起回顾杨健在 2004 年刘翔夺冠时的经典解说。）

杨健
"比赛开始！"

七、颜强："不拘泥于体育的体育人"

人物档案：

颜强 1972 年出生于湖南，毕业于中山大学英语系，出版过《你永远不会独行——英国足球地理》《金球——颜强眼中的英超帝国》《橙如夏花》等著作。2016 年，他一手创办的体育类 App 肆客足球上线。

过往经历：

颜强 1998 年初任职于《体坛周报》NBA 版，从事篮球报道和评论。2002 年，他被《体坛周报》派驻英国，成为一名驻英足球记者并逐步成长为一名英超足球专家。2004 年，他出版了《你永远不会独行——英国足球地理》一书，以细腻的笔触记述了他关于英国足球的所见所闻。2005 至 2014 这十年间，颜强长期担任 CCTV 体育、新闻、NEWS、财经和国际等各频道新闻评论员，同时担任 BTV 体育频道英超解说评论员。其专栏文章不仅仅发表在《体坛周报》《足球周刊》等体育类报刊上，还发表在《二十一世纪商业评论》《财经天下》《中国经营报》等经济类报刊上，并在 2009 年出版了《金球——颜强眼中的英超帝国》一书。2012 年年初，颜强离开体坛传媒，加盟网易，出任副总编辑。2013 年，他策划并主持的中国第一档互联网足球脱口秀节目《超级颜论》开播，带观众领略英国足球文化的魅力。2015 年，颜强从网易离职，并在 2016 年推出了肆客足球 App。

个人风格：

因为长期在英国工作，颜强对英国足球有着深刻的了解，而且他不仅仅是从体育视角去理解足球，在《你永远不会独行——英国足球地理》一书中，他用文化的视角阐述了英国文化和英国足球之间的联系，而在《金球——颜强眼中的英超帝国》一书中，他又从经济的角度解读了英超竞技比赛背后的故事。颜强的评论视角独特、言辞犀利，加之其独特的亲身经历，吸引着众多英超球迷。

颜强
英超权威

八、马德兴："批评者？建言者！"

人物档案：

马德兴 1969 年出生于江苏无锡，毕业于中国人民解放军国际关系学院，现为《体坛周报》副总编辑，著有《亚平宁绿茵风云》《巴黎论剑》等 10 多部足球专业作品。

过往经历：

马德兴 1991 年从中国人民解放军国际关系学院毕业后进入部队，后转业进入国家体育总局下属的中国体育报业总社工作，同时也协助中央电视台和地方体育台转播国外联赛。1996年3月，国奥队兵败吉隆坡，马德兴因在《新民体育报》上发表文章《中国足球十问》而引起圈内外热议，随后被迫离职并遭"封杀"两年多，他也是我国体育新闻界因一篇文章而丢掉公职的第一人。1997年，马德兴加入《体坛周报》，常年在国内外采访中国各级足球队的比赛。2001年至今，马德兴一直担任《体坛周报》的副总编辑。2008年，他与著名足球记者李承鹏之间的网上"骂战"在当时也闹得沸沸扬扬。

个人风格：

马德兴以"敢于说话""敢说真话"著称，在从事足球报道的30年间，"敢于说话"既是他的优点，也是他的弱点，曾让他失掉公职，也让他"得罪"了很多球迷，但是其专业性也让他收获了众多粉丝。（扫描下面的二维码，认识一下真实的马德兴。）

马德兴
批评者？建言者！

九、杨毅："篮球评论似评书"

人物档案：

杨毅1977年出生于北京，毕业于上海体育学院，现任《体坛周报》副总编辑、篮球部主任，长期在中央电视台体育频道和腾讯NBA担任篮球评论员，出版过《笑侃NBA》《姚明传》等作品。

过往经历：

1997年，杨毅进入了《北京青年报》成为一名篮球记者。1997年至2004年，他多次采访大型篮球比赛，并且是唯一一位亲自采访中国三大中锋王治郅、巴特尔、姚明进入NBA的记者，也是第一位陪伴姚明在休斯敦开始NBA征程的记者。2004年，在雅典奥运会的采访工作结束之后，杨毅离开了《北京青年报》，与苏群、孟晓琦一起创建了《篮球先锋报》并任副总编。2011年，他与腾讯网合作推出视频长篇评书《姚明传》，讲述了姚明从出生到退役之间的故事。2012年3月23日，杨毅的首部NBA专著《笑侃NBA》出版发行，紧接着又在8月1日出版了图书《姚明传》。之后杨毅离开《篮球先锋报》，重新返回《体坛周报》。2016年8月17日，杨毅与百度智能机器人"度秘"，上演同台PK解说奥运男篮1/4决赛澳大利亚队对阵立陶宛队的比赛。

个人风格：

杨毅是地地道道的北京人，说话一股京腔，听着像是说相声似的，因此很容易被广大观众接受。他也像众多相声演员一样机智幽默、能说会道，在进行体育新闻评论的时候常常像说书一般，善用设置悬念技巧，叙述跌宕起伏，具有自己的独特风格。（扫描下面的二维码，观看杨毅与一位美国解说员的精彩"碰撞"。）

杨毅
当中国杨毅遇上美国杨毅

十、周文渊："不想当复旦教师的总裁助理不是首席评论员"

人物档案：

周文渊 1962 年出生于上海，毕业于复旦大学经济学系，曾担任某投资咨询公司的总裁助理，目前担任《体坛周报》编委兼首席评论员。

过往经历：

1984 年，周文渊复旦毕业后留校任教。20 世纪 80 年代末起，他以本名或亦夏、大卫等笔名，为《体坛周报》《体育参考》《足球俱乐部》《足球之夜》《中国新闻周刊》和《南风窗》等报刊撰写足球评论文章。1998 年，周文渊成为《体坛周报》的专职记者，后来专司足球评论员工作，现任《体坛周报》编委兼首席评论员。

个人风格：

周文渊毕业于复旦大学经济系，他对数字极为敏感，善于通过各种数据分析得出结论，这让他的评论有理有据，更具说服力。另外，周文渊还常常利用数据分析得出有预见性的结论，并做出前瞻的判断，所以深受粉丝支持。另外，他还常常发表对体制方面的思考。（扫描下面的二维码，了解一个更为丰富的周文渊。）

周文渊
极具批判精神的体育评论员

第五章　新媒体体育新闻评论的选题和立论

本章学习要点

- 新媒体体育新闻评论选题的依据
- 新媒体体育新闻评论选题的限制性因素
- 新媒体体育新闻评论立论的原则和思维方法

内容提要

本章共分为两节：第一节介绍了体育新闻评论选题的依据，接着转换角度阐释了选题的限制性因素，如符合媒体自身的定位、考虑受众的兴趣和需求；第二节在把握体育新闻评论立论的定义和作用的基础上，说明了立论的原则和思维方法。

第一节　新媒体体育新闻评论的选题

新闻评论的选题，即新闻评论所要论述的问题。对于新媒体体育新闻评论，选题即指评论所要分析、谈论的某一场重要比赛或某一重大体育事件。选题是评论写作的开端，是一篇评论质量优劣的基础。《人民日报》原副总编李仁臣在介绍《今日谈》这个评论专栏的选题问题时直言："选题在很大程度上决定着文章的成败。"[①]

一、新媒体体育新闻评论选题的依据

所谓选题的依据，指的就是对选题进行价值判断的标准，这一标准可以从以下几个方面考虑：

---

① 徐兆荣.实用新闻评论写作教程［M］.北京：北京大学出版社，2014：44.

（一）选择新近完成的赛事

新闻评论主要是对新近发生的重大新闻事件做出的评论，越是针对当下体育赛事热点做出的专业评论，越能获得更多受众的关注。新媒体时代，信息传播速度不断加快，往往是一场比赛刚刚结束，相关的赛事资讯便已推送至用户手中。这就要求体育新闻评论能更好地把握新近性原则，以最及时、最新鲜的赛后评论来满足用户需求。

当然，新近性并不是一味追求速度，还要看时机是否合适。有的体育话题看起来很轰动很热门，实际上事件还在发展之中，事件的真相还不清楚，这时候盲目跟进发表议论，有可能做出错误的判断。[①] 每一位写作者都应该在坚持新闻真实性、客观性的前提下，针对事实明确的体育赛事或体育事件进行评论。

（二）发挥评论员的专长

《中国青年报》评论部主任曹林在他的著作《时评写作十讲》中写道："从事评论写作的人来自各行各业，有医生、教师、公务员、农民、白领、律师、记者等，医生写教育改革的文章，我不会抱什么期待，教师谈医改，我也不会感兴趣，而一个医生写医改，我就会多看几眼，就是看中那种'我'的附加值。"

曹林的这段话对于体育新闻评论写作同样适用。由于每一位评论员的兴趣爱好、工作经历不同，要做到对每一个体育项目都了如指掌是非常困难的。但是评论员往往有自己深入研究的某一两个领域，因此在确定体育新闻评论选题时，要充分考虑自己对该项目或该赛事的了解程度，坚持专业人做专业事的原则，对自己擅长的项目进行准确细致的解读和分析。这一点在当下各大体育媒体的人员分工上有所体现。作为中国目前最大的专业体育类报纸，《体坛周报》便根据项目的不同形成了庞大细致的记者和评论员队伍，如主要负责足球项目的马德兴，负责篮球项目的殳海，负责网球项目的张奔斗，等等。甚至足球项目也根据地区的不同进行了更为细致的划分，如马德兴主要关注中国足球，林良锋专攻英超，李森负责西甲，黄思隽是德甲的深入研究者。

（三）选择最重要的赛事

奥运会、世界杯、NBA等赛事都具有极高的关注度，针对这类赛事的报道往往能够吸引数以万计的受众。体育新闻评论应该选择此类重大赛事中的重要人物、重要问题进行解读和发掘，以满足受众的体育信息需求。

---

① 杨娟.网络与新媒体评论[M].北京：北京大学出版社，2015：70.

二、新媒体体育新闻评论选题的限制性因素

（一）符合媒体自身的定位

相比于传统媒体，新媒体时代体育新闻评论的传播方式不断丰富，以微博、微信为代表的社交媒体，和以虎扑体育、懂球帝为代表的新媒体平台都可以成为体育新闻评论的发布渠道。当然，多元的传播方式代表着媒体不同的风格，其新闻评论也应该有各自的特点，或严肃，或专业，或娱乐。评论写作者要考虑媒体的自身定位，选择符合媒体风格的选题。

（二）考虑受众的兴趣和需求

体育新闻评论是为受众服务的，是为了满足受众对于观点的需求而存在的，因此评论的选题要考虑受众的兴趣和需求。新媒体时代，在海量的信息面前，受众往往只会选择自己感兴趣的内容进行阅读。在进行体育新闻评论选题时，应该尽量选择近期发生的重大热点赛事加以评论，因为这类赛事往往职业化程度高、球迷基数大，市场需求自然比较旺盛。

第二节　新媒体体育新闻评论的立论

选题解决的是新闻评论所要论述的问题，即"说什么"，而立论则是作者所要阐释的看法、表达的观点，即"怎么看"。新媒体体育新闻评论的立论，就是确立体育新闻评论的中心思想，阐明作者的核心观点。

一、立论的原则

（一）针对性

体育新闻评论的针对性，是指评论内容必须言之有物。作者要针对当前的热点体育赛事发表评论，或者专业预测比赛走势，或者深入分析问题成因，不能为满足宣传需要而说大而空的官话、套话，更不能把评论当成发泄个人负面情绪的工具。

（二）专业性

体育赛事本身涵盖了足球、篮球、排球、乒羽、田径等多个项目，甚至足球一个

项目又可以划分为中超、英超、西甲等多个板块，而且每个项目在竞赛规则、文化背景等层面存在着诸多差异。因此，大型体育媒体一般都会为各个项目设置专项记者和评论员，他们拥有各自的主攻方向，是在某一领域内精耕细作很多年的资深媒体人。由于常年关注某一项目，这些评论员对该项目的历史发展、竞赛特点、赛事文化都有深入了解，成为该领域的专业人士。因此他们的体育新闻评论往往能够高屋建瓴，给读者以醍醐灌顶之感，彰显出深刻的专业性，而专业性正是完成一篇优秀评论的基础，是文章有深度、有力度、有高度的前提。

（三）创新性

创新性就是要求评论的立意要新颖，即立论要超越社会平均争议水平，不能是常识性认识①。新媒体时代，受众每天会接触到海量信息，如果评论的观点不能让人眼前一亮、耳目一新，而是在拾人牙慧，就会很容易被淹没在信息的洪流之中。可以说，立论的个性化程度是决定新闻评论是否具有吸引力和生命力的关键所在。

具体到体育新闻评论领域，世界各地每天都会发生大量体育事件，为评论创作者提供了取之不尽的素材。然而，在信息洪流中选择最有影响力的体育事件，并结合个人体验和素材积累形成新颖观点和独到见解并不容易，这考验着体育新闻评论创作者的水平。因此可以说，立论的创新性是衡量一篇体育新闻评论传播效果优劣的重要标尺。

二、立论的思维方法

（一）批判思维

批判思维是指评论员在写作过程中对所要论述的社会现象进行冷静分析和理性反思的思维方式，其主旨思想是批评和质疑。批判思维并非仅仅是针对错误、负面现象，对于正向事物也应该从批判的角度出发，发现潜藏在美好现象背后的问题。运用批判思维，可以促使作者的思维更加理性，评论文章更加深入和客观。

例如2017年5月9日，广州恒大在主场2∶2逼平韩国水原三星后，以小组第二的身份成功晋级亚冠淘汰赛，创造了中超球队集体进入淘汰赛的新纪录。凤凰网体育频道在赛后发表独家评论，在肯定广州恒大经验丰富、球风老辣的优点之后，着重批评了恒大整体表现让人感觉老气横秋，失去了往日的犀利。

---

① 杜涛. 新闻评论思维与表达［M］. 北京：知识产权出版社，2013：137.

> **独家评论：利剑变砍刀，恒大显露的是老辣也是老气**
>
> 但是在昨晚的比赛中，甚至在近两年的亚冠赛场上，广州恒大那种疾风一样的冲击势头在慢慢消失，虽然他们总是能展现出较强的整体实力，但是在场上还是缺乏过去那种削铁如泥的感觉，习惯于掌控足球、控制节奏，由一个身轻如燕的剑客变成了温吞的太极推手。本赛季亚冠六场小组赛中，广州恒大仅有的两场胜利都是在鱼腩部队香港东方身上获得的，而面对韩日球队时，他们一直都找不到过去那种"碾压"的感觉。
>
> 在昨晚的主场比赛中，广州恒大开场不久就被对手打进一球。虽然稳健的他们逐渐掌控比赛，并且实现比分的反超，但那个越位进球虽然领先反超对手，但却无法彻底击溃对手，最终还是给了对手追平的机会。在这场生死之战中，广州恒大虽然展现出更强的整体实力，但他们却缺少一招致命的狠劲儿和霸气，无法用潮水般的连续进攻和接连进球，彻底摧毁对手的意志。如果说里皮执教的广州恒大是一枚锋利无比、寒气逼人的宝剑，如今斯科拉里掌控的这支王者之师，已经变成了一把有力量、有分量的砍刀，虽然这把厚重的砍刀也能舞得呼呼作响，而且招招凶猛，但却无法彻底把对手砍翻在地，总是会给对手还手的机会。
>
> （凤凰体育2017年5月10日 09：41：42 张林栋）

（二）深入思维

新闻评论不同于新闻报道，为受众提供的不是流于表面的信息报道，而是评论员通过客观、专业的分析，帮助受众更加全面深入了解这一事件的来龙去脉和发展趋势。这就需要写作者进行专业深入思考，发现新闻背后的新闻，探究赛事进展的本质，通过对战术安排、教练指挥的具体分析来解释赛场形势的变化。

作为垂直服务于足球迷的移动新闻客户端，懂球帝这款App在上线仅三年多时间便吸引了两百多万球迷使用，号称足球迷的"必备神器"，而懂球帝的原创专栏更是凝聚资深球迷的重要抓手。每一场重要的足球赛事结束后，都会有作者及时发表相关评论文章，通过图例对比赛进行深入的战术分析和赛后复盘。例如2017年5月14日，中超联赛第九轮比赛江苏苏宁在主场2:1绝杀山东鲁能，取得联赛首胜。赛后，写手刘强在自己的懂球号专栏（"刘强专栏"）上发表评论文章，全面深入地分析苏宁和鲁能在本场比赛中各自的战术得失，这篇评论也成为球迷复盘本场比赛、了解球员表现的重要参考。

苏宁 vs 鲁能复盘：新阵带来胜利，细节仍需雕琢

在中后卫的位置上，崔龙洙的轮换人选包括洪正好、李昂、周云、杨博宇和张晓彬（做客阿德莱德）五人，其中，杨博宇在此役的缺阵是很大的损失。自 4 月 21 日主场对阵广州富力以来，赛季初作为李昂和陶源替补的杨博宇开始出任主力，表现起伏不定的洪正好出场时间被压缩。由于鲁能一直采用双前锋／中锋配置，体格上劣势明显的苏宁中卫很难一对一限制佩莱与塔尔德利，加之边路的防守压力同样很大，拉米雷斯、刘建业和吉翔不得不在低位防守阶段注意后撤到卫线增加宽度、控制第二落点。苏宁的 442 阵型被挤压得愈发扁平，中场宽度和纵深的缺失令鲁能得到了持续围攻的机会。若非佩莱门前感觉不佳，鲁能很可能已经凭借简单的边路传中完成了领先。

图 5-1　苏宁的 442 阵型被鲁能挤压得非常扁平

（懂球帝 刘强专栏 2017-05-15 08：57：39）

（三）前瞻思维

体育比赛的魅力在于不确定性，不到比赛最后一秒无法确定谁胜谁负，准确预测比赛结果对于体育新闻评论来说是一件比较困难的事情。然而，体育的不确定性并不意味着评论员只能在赛后做分析，在赛前对比赛双方的实力状态进行分析、对某一项目的未来发展状况加以预测，都是立论过程中的重要思维方式，也可以称之为前瞻思维。

例如，在 2017 年 4 月举办的乒乓球亚锦赛上，中国队接连遭遇到意外打击，马

龙、丁宁、许昕和朱雨玲四位高手相继被淘汰,而在女单项目上,丁宁和朱雨玲都倒在了日本17岁新秀平野美宇的拍下。凤凰网体育频道发表独家评论,颇具前瞻性地指出主要竞争对手日本队女乒水平提升,已对中国队形成威胁这一严峻问题。

> **独家评论:告别寂寞,国乒的"狼"这次真的来了**
>
> 在女单项目上,丁宁和朱雨玲都倒在了日本选手平野美宇面前。相比输球本身,更加需要引起警惕的是,这是一位刚刚度过17岁生日的新秀。而在半年前,平野美宇还曾成为女乒世界杯历史上最年轻的夺冠选手,同时也打破了中国球员在该项赛事中19连冠的辉煌纪录。以往说起与日本选手之间的女单比赛,球迷总会津津乐道于张怡宁打哭福原爱的趣闻。但伴随着平野美宇的横空出世,未来的比赛恐怕不会再变得那么轻松。
>
> 还有一个关键问题在于,平野美宇如今的崛起,不能简单归结为天才的偶然出现。在此背后,恐怕离不开整个日本体育界的强力推动。早在2010年,日本就推出了为期十年的《体育立国策略》,其中除了要求继续发展全民体育之外,也对竞技体育提出了全新的目标,制定了相应的"奥运战略"。比如其中明确指出,希望夏季奥运会的奖牌数超过2004年在雅典创造的纪录(37枚)。而在东京获得2020年夏季奥运会的举办权之后,日本体育界更是将此视为实现目标的绝佳契机。包括在乒乓球项目上,提前用平野美宇取代石川佳纯等名将,显然就是希望新秀们能在2020年全面爆发。从这个意义上来说,平野美宇和丹羽孝希在本届亚锦赛上的高歌猛进,见证了日本"奥运战略"的阶段性成功。
>
> (凤凰体育 2017年4月15日 17:09:01 方正宇)

本章思考与练习

1. 新媒体体育新闻评论的选题依据有哪些?
2. 简述体育新闻评论的立论原则和思维方法。
3. 2021年3月19日,中国足协主席陈戌源在接受央视主持人白岩松专访时提到"足球本该是个社会公益产品",这句话引发热议颇多,其中不乏反对甚至嘲讽的声音。你对这一事件怎么看待,请阐述你的论点。

第六章　新媒体体育新闻评论的标题

本章学习要点

- 体育新闻评论标题与体育新闻标题的异同
- 新媒体体育新闻评论标题的特点和制作要求
- 新媒体体育新闻评论标题的常见问题

内容提要

本章分为三节：第一节从体育新闻评论标题的基本概念出发，说明了新闻评论标题的功能，其次将体育新闻评论标题与体育新闻标题进行区别和比较；第二节主要阐释了新媒体体育新闻评论标题的特点和制作要求；第三节提出了新媒体体育新闻评论标题的两个常见问题，即网络语言的过度使用和表达效率欠缺。

"你可以把马牵到水边，但你无法强迫它饮水。当你把你的报纸送到读者手中的时候，你会遇到类似问题，无法强迫他阅读，不过有一个办法可以使他阅读你的报道，那就是运用精彩的标题。"①汤姆森在他的《新闻写作基础知识》一书中的这段论述准确地揭示出标题对于一篇新闻报道的重要意义。的确，标题是新闻报道的眼睛，标题的精彩与否在很大程度上决定着读者的阅读取舍。

新媒体时代，读者能够接触到的评论文章成爆炸式增长，相关的体育新闻评论也通过各种各样的渠道在赛事结束后的第一时间被推送到读者面前。想要在"琳琅满目"的评论作品中获得读者的青睐，制作一个醒目、亮眼的标题自然成为重中之重。

---

① 王明光，黄先义，顾杨丽.当代新闻评论写作［M］，重庆：重庆大学出版社，2015：95.

第一节　新媒体体育新闻评论标题概述

一、新闻评论标题的功能

近年来，随着网络的兴起和各类社交媒体的涌现，人们对新闻信息的消费进入了"快餐时代"。面对海量的新闻信息，人们不像过去传统媒体时代那样手捧报纸细细品读，往往会在"三步五秒"之内完成对一条消息新闻价值的摄取。[①]一条新闻报道要在浩如烟海的信息中脱颖而出，迅速抓住受众的眼球，新闻标题的拟定至关重要。

新闻评论的标题是帮助受众选择新闻评论信息的向导，是引导受众理解和阅读新闻评论的要领。新媒体时代，标题已经成为受众识别新闻评论内容、判断新闻评论价值的第一信号，成为受众决定是否索取深层新闻评论内容的第一选择关口。一般来说，新闻评论标题的类型可以划分为：号召式网络新闻评论标题、立论式网络新闻评论标题、阐释式网络新闻评论标题、辩驳式网络新闻评论标题、比喻式网络新闻评论标题、提示式网络新闻评论标题，等等。[②]

概括而言，新闻评论标题的功能可以归纳为以下三个方面：

第一，提示功能。新媒体评论的标题要尽可能以最简洁的文字、最醒目的方式，将所要论说的话题、评述的范围、议论的中心思想等信息提示给读者。让读者能够大概明白评论所要论述的核心问题和议题范围，从而决定是否继续阅读。

第二，评论功能。标题能够体现文章的中心论点和作者的态度倾向，无论是亮明观点、表达思想，还是揭示意义、解释缘由，都有定性的意味在里面。在标题中直接体现评论的中心论点或主要看法，有利于突出鲜明的观点或独到的见解，增强评论的吸引力。

第三，吸引功能。优秀的评论标题能够在读者接触文章的一瞬间，就牢牢地抓住读者的眼睛，把读者的无意注意转化成有意注意，引发读者阅读、收听和观看的兴趣，起到强烈的导读、导听、导视的作用，就是要达到吸引、引导受众来关注、接受新闻评论传播内容的目的。[③]这就需要运用新鲜的事例、独到的手法或富有表现力的语言，达到调动受众注意、引发受众兴趣的目的。

---

① 刘秉银. 网络时代新闻标题失范现象及对策研究［J］. 新闻爱好者，2016（11）：80.
② 吕子美. 网络新闻评论标题探究：以人民网为例［J］. 大庆社会科学，2016：（12）：137.
③ 徐兆荣. 时评标题如何出彩引人［J］. 新闻与写作，2015（9）：88.

二、体育新闻评论标题与体育新闻标题的异同

（一）体育新闻评论标题与体育新闻标题的相同点

体育新闻和体育新闻评论都属于新闻传播的方式和渠道，在日常的体育报道中往往相互配合使用，为用户提供更具附加值的信息产品。因此两者的标题都具有新闻的共性要求：一方面，两者都要求真实准确且具有新意，能够给人耳目一新的感受，从而最大限度地吸引受众阅读；另一方面，两者都承担着部分相同的功能，比如提示核心信息、美化界面，等等。

（二）体育新闻评论标题与体育新闻标题的不同点

体育新闻评论和体育新闻毕竟属于不同的报道文体，其传播效果也不尽相同，因此两者的标题在功能和呈现方式上也存在着较大差异。

1. 两者的功能不同

体育新闻标题侧重于对体育赛事中的关键镜头、重要人物以及最终结果等事实进行概括，而体育新闻评论的标题则侧重于对比赛中的重大事件或重要运动员的发挥加以点评，是作者的观点、态度的凝练表达。

例如，2017年5月14日，中国著名女排运动员朱婷跟随土耳其瓦基弗银行队捧起了世俱杯冠军奖杯，她个人也荣膺本届赛事的最佳球员。5月15日，《体坛周报》（第3217期A02版、A20版）在报道中使用的新闻标题是《朱婷，MVP收割机》，而央视排球评论员、前女排国手李颖在该报发表的评论文章标题为《朱婷留洋，打出了中国骄傲》。将这两个标题相对比就可看出，新闻标题的功能重在向读者说明朱婷接连获得国际大赛MVP这一事实，而评论标题的功能则是向读者传递作者本人的观点和态度，即认为朱婷是中国的骄傲。

2. 两者的呈现方式不同

体育新闻中，作者的态度和观点往往蕴含于事实的概括和叙述中，一般采取比较含蓄的表达方式；而体育新闻评论的标题则直抒胸臆、明确表达立场和观点。

例如：2017年6月29日早上，凤凰网体育频道发布题为《NBA重磅：保罗正式加盟火箭 新赛季与哈登并肩作战》[①]的新闻，紧接着在当天中午发表了评论员郑晓

---

① 凤凰体育.NBA重磅：保罗正式加盟火箭 新赛季与哈登并肩作战［EB/OL］.（2017-06-29）［2020-08-24］. http://sports.ifeng.com/a/20170629/51340043_0.shtml.

蔚关于此事件的评论文章，题目为《因为杜兰特和勇士，抱团不再伴有羞耻感》[1]。

第二节　新媒体体育新闻评论标题的特点及制作要求

一、新媒体体育新闻评论标题的特点

传统媒体时代，体育类报纸和杂志是体育迷阅读专栏评论、深度了解体育资讯的重要途径，纸质媒体的评论标题也形成了自有的句式和语言特征。新媒体时代，随着体育新闻评论传输介质的更替，网络标题更像书籍、杂志的目录，发挥着引导作用，也促使评论标题在形式、语言、句式以及内容等方面形成了新的特点。

（一）形式：题文分家，突出核心观点

与纸媒时代文章标题和正文呈现在同一页面不同，新媒体体育新闻评论表现出题文分家的特点，即标题和正文分别被安排在不同的页面上，受众首先看到标题，点击链接之后才能进入正文。这就要求编辑必须运用生动而富有表现力的标题展现文章精华，通过提炼和突出标题来提示评论的要点。准确明了、样式新颖的标题可以提高体育迷对评论的期望度；相反，平铺直叙或带有误导性质的标题只会损害该体育媒体的公信力，即使文章内容再好，读者的访问量也不会大幅度提升。

（二）语言：与时俱进，巧用流行元素

为了更好地引起读者"注意"，体育新闻编辑在拟定标题时常常从语言上下功夫。一方面，标题用语往往含有当下的流行元素，借以吸引读者注意、引起读者共鸣。例如《特评：最囧苏宁开赛四月丢3冠 举棋不定是祸首》中的"囧"字、《[大话国安]真核闪光稀哲迷失 索9说明书驾到？》用了"说明书"一词，以及《论剑恒大：数据揭斯帅玄学 欲夺冠抽签不重要》中使用了当今足坛非常火热的"玄学"一词。

另一方面，体育新闻评论的标题用语更加注重表达效率，大多简洁明了，突出重要内容，例如《颜强：谁在摧毁俄罗斯体育？》《于嘉：杜兰特之心 路人皆知》等标题，都是在尽量短的用语中表明了文章的论述对象。

---

[1] 郑晓蔚.因为杜兰特和勇士，抱团不再伴有羞耻感［EB/OL］.（2017-06-29）［2020-08-24］.http：//sports.ifeng.com/a/20170629/51341061_0.shtml.

（三）句式：言简意赅，善用单行短句

在新媒体应用上呈现的各类体育新闻评论，其标题长短有限，且以单行为主。体育新闻评论标题一般不可过长，也不能过短，这是由网络版面呈现方式所限定的。在一个新闻标题矩阵中，某条标题如果过长，就会被迫折行；如果过短，就会造成较多空白，这样都既不协调也不美观。①

同时，在网络版面上，一条新闻标题通常不能占位过于宽大，也不能使用多行题或者字数过多的长标题，这和纸媒时代的多行标题相比有了很大区别。网络传播版面对新闻标题的处理，经常是若干条新闻标题排列成一个矩阵，形成标题版块，这种版式处理不允许其中某条标题的形式过分"特殊"。

（四）内容：突出重点，活用语言技巧

新媒体体育新闻评论的标题强调突出重点，让受众能在最短的时间内了解作者的观点。因此，标题多采用"主体＋引号评论内容"的形式，这种形式一是明确发表评论的主体；二是将评论员的看法与意见直接在标题中展示。②

例如，以专栏名称作为主体的：

《陈昭论剑：体育里的粉丝经济》
（陈昭 2017 年 8 月 30 日 09：18 来源：人民网－体育频道）
《【沪上逐鹿】野兽找回进球 奥斯卡缺阵非坏事》
（体育＿腾讯网 http：//sports.qq.com/a/20170629/017525.htm）

也有直接用评论员姓名作为主体的：

《朱彦硕：CBA 实力榜 辽宁排第三》
（新浪竞技风暴＿新浪网 http：//sports.sina.com.cn/zl/basketball/2017-12-26/zldoc-ifypyuvc2561679.shtml？cre=zl&r=user&pos=1_3）
《苏群：咸少"三双"都是刷出来的吗？》（新浪竞技风暴＿新浪网 http：//sports.sina.com.cn/zl/basketball/2017-12-25/zldoc-ifypxrpp3768848.shtml？cre=zl&r=user&pos=1_4）

---

① 邓炘炘．网络新闻标题的特点与构思［J］．新闻与写作，2015（1）：93．
② 吕子美．网络新闻评论标题探究：以人民网为例［J］．大庆社会科学，2016，12（6）：137．

新媒体体育新闻评论在内容层面的另一个特征是活用各种技巧。这些技巧既包含疑问句、祈使句等句式，也有俗语、古诗词等各种方法。疑问句标题能够激起读者的探究欲望和好奇心理，引发读者去思考，吸引读者注意力并继续深入阅读。活用俗语、古诗词则可以增加趣味性，更加形象地表达作者的观点。例如：

《大话国安：冬窗或抢头彩 强援一来就成新核？》
（体育_腾讯网 http：//sports.qq.com/a/20171114/010637.htm）
《防守是穆里尼奥的强项 为什么连续遭绝杀？》
（新浪竞技风暴_新浪网 http：//sports.sina.com.cn/zl/football/2017-12-25/zldoc-ifypxrpp3775761.shtml）
《山东轻敌松懈小河沟翻船》
（新浪竞技风暴_新浪网 http：//sports.sina.com.cn/zl/basketball/2017-12-18/zldoc-ifyptkyk5051438.shtml）
《前不见古人 后难有来者——写在广州恒大七连冠后》
（2017年10月22日23：27 来源：人民网-体育频道 陈晨曦）

二、新媒体体育新闻评论标题的制作要求

新媒体体育新闻评论作为新闻评论的一个分支，在标题制作方面与新闻评论有着类似的要求，具体来说有以下几点。

（一）观点要准确鲜明

新媒体体育新闻评论对于受众最大的吸引力来自作者的观点和态度，这是其精华所在，因此标题制作的首要要求便是准确，鲜明地突出作者的核心观点。这里说的准确，就是要求标题与评论内容要做到题文一致，真实地反映出评论的思想观点，即使是简洁、含蓄的标题，也要准确传达思想信息，或提示论述话题。对于所要评论的体育人物或事件，无论作者的态度是褒是贬，是力挺还是质疑，都应该在标题中有所体现。

例如，凤凰网体育频道在2017年6月2日针对河南王城公园篮球场上广场舞大爷打跑篮球少年一事发表了评论，题目为《广场舞没错，错的是倚老卖老的蛮横姿态》（2017年6月2日10：18：11，凤凰体育评论员：方正宇），这则标题鲜明地表达了作者的核心观点，即对老人倚老卖老的蛮横姿态的质疑和批判。

（二）表达要简洁精当

所谓的表达精当，主要包含两方面内容，其一是精练，其二是恰当。标题的制作要讲求简洁，新闻评论的标题尤甚，要能在最短的时间内，让读者于一瞥之中就被吸引，能够大概了解新闻评论的观点或话题指向等内容，并决定是否继续阅读这则评论。这就要求标题用最简洁的文字，在最适当的视觉距离内，使读者能一目了然地阅读下来。因此最好能够用精练的文字表达出自己的观点。

例如：

> 《莱斯特城童话难续第二季》（《体坛周报》第 3159 期）
> 《围棋克韩：厚度＋锐度》（《体坛周报》第 3165 期）

（三）形式要有吸引力

毫无疑问，这是一个注意力经济时代，用户每天都被海量信息所包围，而想要使自己的体育新闻评论在信息的海洋中脱颖而出，具有吸引力的标题至关重要。如何提高评论标题的吸引力？在此提出几种做法以供借鉴。

1. 巧用修辞和标点

修辞的使用可以在很大程度上提高标题的文学性和艺术表现力，使标题更加生动、形象，从而增强吸引力。具体而言包括比喻、借代、拟人等，这些修辞手法在优秀的新媒体体育新闻评论作品中比较常见。例如：

> 比喻：《"纳堵墙"是球场违章建筑吧？》
> （2021 年 4 月 8 日《体坛周报》微信公众号）
> 2020—2021 赛季欧冠 1/4 决赛首回合，拜仁主场 2 比 3 不敌大巴黎，赛后体坛周报微信公众号发表了一篇评论。此役拜仁完成了 31 次射门，逼迫大巴黎门将纳瓦斯做出了本季欧冠最多的 10 次扑救，因此纳瓦斯被比作球门前不可逾越的一堵墙，也就有了"纳堵墙"和"违章建筑"的形象比喻。
> 拟人：《江苏队"抢救失败"，津门虎"死里逃生"》
> （2021 年 3 月 29 日《体坛周报》微信公众号）
> 2021 年年初，中国足坛发生巨大震动，上赛季中超冠军江苏队解散，原本已被

"判死刑"的天津津门虎则在最后时刻成功联赛准入,继续参加本赛季联赛。对于这一事件的评论,媒体用了拟人化的表达,即"抢救失败"和"死里逃生",真切地反映出两队迥异的命运。

标点符号的恰当使用,也是体育新闻评论标题的加分因素:省略号和问号有异曲同工之效,都可以引起读者好奇,刺激读者通过进一步阅读寻找答案,感叹号也能起到吸睛和强调的作用。例如:

《【观点】曼城赢球=英超悬念结束?别不服气,瓜就是比鸟强!》
(《体坛周报》微信公众号 2017 年 12 月 11 日推送)
《中文观潮:电子竞技入奥成算几何?》
(李中文 2017 年 11 月 8 日 16:30,来源:人民网–体育频道)
《【观察】拜仁签约瓦格纳,呼唤许久的莱万替补终于到位了?!》
(《体坛周报》微信公众号 2017 年 12 月 22 日推送)

2. 活用网络热词和俗语

社交媒体时代,每隔一段时间就会出现网络热词。这些互联网的产物自带新鲜感、娱乐性,往往能成为网民热衷使用的文字符号。恰当地使用网络用语和网络热词,可以增强新媒体体育新闻评论的吸引力、提高传播效果。例如:

《"天真"的篮协完败给"无鞋"》
(2016 年 11 月 2 日 22:04,凤凰体育新闻评论员:洪申)
《坑太大,争四狂魔附体又如何》
(《体坛周报》第 3217 期,评论员:闫羽)

俗语作为耳熟能详的表达方式,通过寥寥数字即可表达深刻含义,在新媒体体育新闻评论标题中运用俗语可以提升表现力和感染力,达到事半功倍的效果。例如:

《恒大和苏宁打断骨头连着筋》
(2016 年 7 月 26 日 09:13,凤凰体育特约评论员:方正宇)

3. 用关键词给评论贴标签

在微信公众号推送的文章中,编辑常常会在标题最前面或最后面加上相关标识。这种做法可以将发布的新闻信息进行有效分类,一方面便于读者依据自己的兴趣爱好获取相关信息;另一方面,"警惕""提醒"等标签能够在瞬间吸引读者眼球,激发读者的好奇心和阅读欲望。例如:

> 《评论 | 西班牙王朝基石坍塌,国家德比已没有灵魂》
> (《足球报》微信公众号2017年12月24日推送)
> 《【观察】马林中超再就业,土洋之争是下赛季主旋律!》
> (《体坛周报》微信公众号2017年12月26日推送)
> 《【专栏】里之队表现职业,可是起点很low》
> (《体坛周报》微信公众号2017年12月18日推送)

给评论贴标签不仅可以用"观察""专栏"等关键词,还可以直接在评论标题中添加著名运动员姓名。几乎每个体育爱好者心中都有自己喜爱的运动员,体育新闻评论标题点出那些著名运动员的名字,充分发挥明星效应,不仅能够向读者传达核心要点,而且能够通过醒目的"标识"刺激受众,进而提高评论的关注度。例如:

> 《【专栏】从CCTV5走向CCTV1,维阿就是利比里亚的特朗普!》
> (《体坛周报》微信公众号2017年12月28日推送)
> 《【观察】利物浦"豪赌"范戴克,既自救也救英超》
> (《体坛周报》微信公众号2017年12月28日推送)

4. 巧借对比体现体育的对抗性

对比,是把具有明显差异、矛盾和对立的双方并置在一起,进行对照比较的表现手法,让读者在比较中明辨是非。在标题的拟定中,在文本上突出对抗性有利于揭示体育新闻的主要内容,让读者一览标题便能知道本次比赛的看点,不仅能吸引读者的眼球,增加阅读兴趣,更能丰富文字的表现力。① 当强队之间进行巅峰对决时,读者会对相关报道充满期待,有关两队的标题也更能吸引体育迷的注意,两队之间的对抗

---

① 张志佩. 现代媒体体育新闻标题的语文文体解读 [J]. 语文建设, 2013 (10): 76.

性元素在评论标题中的体现可以增加关注度。

例如，北京时间 2017 年 12 月 23 日晚，万众瞩目的西班牙国家德比在伯纳乌球场上演，最终巴萨客场 3 比 0 战胜皇马。次日，《体坛周报》微信公众号推送了题为《【观察】不是齐达内太无能，而是巴尔韦德太狡猾…》的评论。在这篇观察性文章中，标题就采用了对比手法，分别用两队主帅齐达内和巴尔韦德、"无能"和"狡猾"进行了对比，不仅阐述了作者的观点，还通过对比增强了对抗性和吸引力。

5. 妙用数字

体育运动，尤其是竞技体育具有很强的竞技性，这种竞争不仅限于同场对手之间，还包括与原有的纪录，甚至是运动员本人的竞争。而赛后承载这种竞争结果的就是数字，可以说，精确的数字与体育的竞技性相契合，是展现体育赛事精彩程度的重要窗口。数字，若单纯作为一种数量符号来使用的话，其作用其实是很有限的，仅能表现一定数量关系。但若将数字运用到语文文体中，其所能表现的东西及意义就不只是简单的数量关系。如果把比赛中的关键数字运用到体育新闻评论的标题中，就能够增强冲击力，从而引起读者的阅读兴趣。

例如：《"不甘心"成就九秒九二》
（刘硕阳，2017 年 6 月 1 日 08:12，来源：人民网—人民日报）
《百分之一秒的滋味》
（汪大昭，2017 年 8 月 1 日 08:07，来源：人民网—人民日报）

这两个标题就体现出数字的妙用。

6. 巧设悬念

所谓"悬念"，即读者、观众、听众对文艺作品中人物命运的遭遇、未知情节的发展变化的一种急切期待的心情。体育竞赛的魅力就在于它的瞬息万变和不可预测性，正是因为悬念丛生才吸引了众多体育迷的追随。因此，新媒体体育新闻评论标题中如果可以运用反问、设问、揭密等方式巧妙设置悬念，就能在很大程度上吊足读者胃口，展示文章风采，提高受众的阅读欲。

例如：
《【观察】16 连胜的曼城天花板在哪里？》

(《体坛周报》微信公众号 2017 年 12 月 17 日推送)

《【解密】里皮东京攻略，东亚杯后哪些新人将被"扶正"？》

(《体坛周报》微信公众号 2017 年 12 月 3 日推送)

第三节　新媒体体育新闻评论标题制作中常见的问题

标题作为评论的眼睛，在很大程度上决定着评论传播的广度和深度。各级媒体无不在标题上做足文章，力求标题新颖独特，准确概括文章观点，满足受众"浅阅读"的习惯。好的标题自然能够有效吸引受众，起到画龙点睛的作用；但也有一些媒体盲目跟风，为赚取点击量、赢得收视率，在制作新闻标题时一味追求标新立异，背离标题拟定的基本原则，存在着诸多问题，在受众中造成了不良影响。

一、吸睛词汇滥用

网络的普及加快了信息的传播，为了吸引眼球，许多媒体都会引用一些网络语言入题，以适应受众不断变化的需求。如前所述，作为互联网产物的网络语言具有很强的新鲜感和娱乐性，往往能成为网民热衷使用的文字符号，在新媒体体育新闻评论标题中恰当地使用网络用语和网络热词可以增强语言张力、提高传播效果。但是，实现语言引人入胜的前提是避免粗俗、随意用语的蔓延。当下的体育新闻评论标题中常常出现网络语言过度使用问题，部分体育平台或自媒体热衷使用过于极端的网络语言，尽管这些表述能够比较充分表达作者的观点和立场，但给人感觉却是发力过猛，戾气过重。

《巴萨狂甩皇马的幕后英雄 解放梅西用神保利尼奥》（2017 年 12 月 26 日 17：59，新浪体育）这一标题中的"狂甩"二字就是明证。2017 年 12 月的西班牙国家德比，皇马 0：3 不敌巴萨。从整个比赛过程来看，主场作战的白衣军团发挥欠佳，其表现可以用完败来形容。但是皇马仍创造出几次破门良机，比如前锋本泽马就曾击中立柱，巴萨的优势还远未到本题中作者形容的"狂甩皇马"的程度。因此，该标题有用词极端、发力过猛的嫌疑。

例如：《还说球员强？曼城血虐英超 终于可以夸瓜帅了吧》（2017 年 12 月 26 日 15：22，新浪体育）；《吊打！为何五大联赛才踢了一半 四大都已经凉了？》（2017 年 12 月 25 日 15：18，新浪体育）；《穆帅真该成曼联替死鬼？他的痛弗格森瓜帅也都懂》（2017 年 12 月 25 日 12：12，新浪体育）。

这些标题中，作者使用了"血虐""吊打""替死鬼"等词，的确可以增强情感，便于观点抒发，但从传播效果来看，这类词明显超越体育赛事的竞技或游戏范畴，带有血腥暴力色彩，给人以发力过猛之感。

二、表达效率欠缺

标题的表达效率表现在两个方面，其一是受众的接受、理解速度，其二是信息的确定性①。如果读者一眼看过去无法第一时间完整地理解标题的含义，自然会影响其接受效果，从而放弃阅读该篇评论。千龙网体育频道在 2017 年 11 月 21 日刊发了题为《徐国义和楼霞单纯地热爱着游泳 桃李满天下》（2017-11-21 09:01，《人民日报》）的评论，文章主旨是要说明徐国义和楼霞夫妇两人作为资深教练对游泳事业的执着与热爱，赞扬他们爱徒如子的博大胸怀和虚怀若谷、淡泊名利的高贵品质。这篇文章首发自《人民日报》，原标题为《没有爱，就没有教育》，但是经过转载后的标题给人感觉过于平铺直叙，更像是体育新闻标题而非评论标题，读来欠缺吸引力。

本章思考与练习

1. 试析体育新闻评论标题与体育新闻标题的异同。
2. 新媒体体育新闻评论标题有哪些特点？
3. 新媒体体育新闻评论标题的制作要求有哪些？
4. 2021 年 3 月 20 日，东京奥组委与国际奥委会等五方举行会谈后正式宣布，今年东京奥运会及残奥会不接待国外观众。请对这一事件撰写评论文章，并列举三个不同的标题。

---

① 马少华. 新闻评论写作教学：开放的评论课堂［M］. 高等教育出版社，2015：199.

第七章　新媒体体育新闻评论的结构

本章学习要点

- 新媒体体育新闻评论的结构形式
- 新媒体体育新闻评论结构的基本要求

内容提要

本章分为两节，第一节，在介绍评论结构要素的基础上，从引论、本论、结论三个角度分析了体育新闻评论的结构形式；第二节，提出了新媒体体育新闻评论结构的基本要求，即：1.布局合理、逻辑完整、层次清晰；2.服从和服务于主题表达的需要；3.符合新媒体特点。

第一节　新媒体体育新闻评论的结构要素

一、新闻评论的结构

古人云："言之有物，言之有序。"物，是文章的内容，讲求真知灼见、立意鲜明和论证有效。评论结构直接影响读者的阅读体验和文章的点击量，一篇结构合理、逻辑清晰、言之有序的优秀评论文章才能赢得受众认可。按照学者王兴华的说法，一篇新闻评论的结构就是文章内容的组合与构造，关系到文本的流畅度，体现着作者的逻辑思路，是文章组织安排内容的具体方式，也就是作者的思路在文章中的外在表现形式。① 徐兆荣认为，从本质上说，它就是人们认识世界和反映世界的认识层次、逻辑顺序，是一个说理论证的内在逻辑、先后次序的问题，同时它也是评论作者思想水平

---

① 王兴华，孙劲松，王从波.新闻评论教程［M］.北京：北京师范大学出版社，2016：135.

及其思路的外化形式的问题。①杜涛则提出，新闻评论结构要素主要包括三点：一是排序，即对材料先后顺序的安排；二是布局，即对文章材料轻重的剪裁；三是联系，包括承接、过渡与照应。②

作为新闻报道文体的一种，新闻评论所要传递的是作者的观点、态度和情感倾向等信息，而评论结构是这些信息得以呈现的组织方式和内部构造。评论的结构就是作者通过对文章逻辑的巧妙设计、对现有材料的合理取舍，将原本存在于头脑中的创意和想法，准确、高效地反映在文本上，以满足受众的需求。

二、体育新闻评论的结构要素

相比于散文、小说等文学体裁，评论作为一种新闻写作文体，其结构相对固定。最常见的结构形式为三段论，这种三段式结构的最基本特征是"总—分—总"。

体育新闻评论作者在具体布局时会根据需要做出一些变化，但不管怎么变，总体来说包括引论、本论和结论三部分，即"由头＋论证＋结论"的形式。然而，这绝不是说体育新闻评论结构无须讲究。相反，正因为新闻评论的结构比较固定，更需要下功夫精心设计。尤其是在新媒体时代，一成不变的评论写作模式已经很难满足受众的多样化信息需求，寻求一个新颖别致、引人入胜的布局是成就一篇体育新闻评论佳作的必然要求。

（一）引论

与其他文章相比，新闻评论的开头有一个显著特点，那就是要交代新闻事件。体育新闻评论的开头同样如此，不仅要通过交代新闻事件来提出问题，还要努力吸引人们去阅读正文，这就叫引论。引论决定着整篇评论文章的展开方式和风格基调。引论是新闻评论的开头，是整篇文章提纲挈领的部分，主要负责提出问题或者表明作者的观点。引论给读者以鲜明的第一印象，直接影响着读者的兴趣。其形式灵活多样，或提出问题，或摆出观点，或亮出靶子，或交代意图，或由事入题，可谓不拘一格。

到底应该怎样写好引论？并没有什么具体的模式，但比较常见的写法，归纳起来一般有以下几种类型：

1. 开门见山式

即文章开头直接提出问题，或表明观点。优点在于能够让受众一打开文章链接，

---

① 徐兆荣.实用新闻评论写作教程[M].北京：北京大学出版社，2014：111.
② 杜涛.新闻评论思维与表达[M].北京：知识产权出版社，2013.

就能一目了然地明白作者所要论述的问题或主要观点，以此决定自己是否要继续阅读后文。

如徐明《上马，打造体育城市的缩影》的开头：

> 在刚刚过去的这个周末，"跑马"再度成为这座城市的热搜词。不少业内人士认为，今年的上马提速显著，几乎所有的全马参赛者从起点开始，都在按照配速前进，选手成绩的含金量大幅提升，让大批跑步达人直呼过瘾。而万千跑者在赛道上喷涌而出的自信，彰显着上马跑者整体能力的提高。
>
> （人民网 http：//sports.people.com.cn/n1/2017/1113/c401891-29641906.html2017年11月13日）

又如体坛+记者王勤伯的评论——《U20留在德国意义全无》，其开头就是开门见山，直接表明观点。

> 事实上，U20继续留在德国没有任何意义，即使所谓的系列热身赛在2018年能够继续下去，也没有任何意义。
>
> （《体坛周报》微信公众号2017年11月27日推送）

2. 新闻铺垫式

直接引用相关赛事消息、数据、球员表现等客观信息，让新闻事件做铺垫，使其成为体育新闻评论的由头。在开头中引用的这些事实，一方面可以用来佐证后文中作者的观点，另一方面也可以成为"驳论文"所需要的"靶子"。

例如丰臻在《恒大如何扛过的这八年？》的开头：

> 2010年3月1日，恒大集团正式召开了收购广药俱乐部的发布会。发布会上，52岁的恒大老板许家印和55岁的广州市体育局局长刘江南以平等姿态，一同举起一件签了名的球衣，象征广州足球易主。当时还没有人能预计到，这个地产老板在接下来八年的中国足坛能够扮演什么角色。
>
> （凤凰体育 http：//sports.ifeng.com/a/20171022/52748667_0.shtml2017年10月22日）

3. 生动形象式

借鉴文学中较为艺术的写法，用故事、典故、比喻、引语等开头，使文章显得生动活泼、饶有趣味。汪大昭在人民网"大昭评论"专栏发表的题为《绿茵园丁的志向和感叹》的评论，正是运用比喻的手法引出全文，且看文章开头：

> 一个园丁栽培一株幼苗成才不难，难的是一辈子育苗不息，育树成林。足坛名宿徐根宝，主动远离喧嚣的职业足球，塌下心来，将精力和经验用于培养青少年。10多年过去，每个赛季的中超颁奖盛典上，总有他的学生登台，接受令台下一众球员羡慕的荣誉。国家队中也有不少经徐根宝一手修剪而成长起来的人才。
>
> （人民网 http://sports.people.com.cn/n1/2017/1114/c22172-29645720.html2017年11月14日）

（二）本论

本论是评论的主体部分，内容较多，篇幅较长，在中心论点下面往往包含着几个分论点。一般采取两种结构形式，即纵向展开式和横向展开式。

1. 纵向展开式

所谓纵向展开式，指的是按照事物的本质联系安排层次，各层次之间是不断递进的关系。纵向展开式显示了事物内部的逻辑和人们认识事物的逻辑，引导人们根据问题的前因后果间的内在联系去认识事物。

下文是林良锋发表在新浪体育的专栏评论《曼联防守好 德赫亚怎么扑了十四次？》：

> 曼联客场3:1拿下阿森纳，德赫亚的各种神勇扑救让人目瞪口呆，他能人所不能的段子又在社交媒体上疯转。"扑救"和"存储"在英文都是一个词，德赫亚被段子手拿这个梗"玩坏"不知道多少次。
>
> 德赫亚一夫当关，很容易被视为曼联防守固若金汤的象征，防守到位，又是穆里尼奥行走江湖，锦标等身的招牌。恰恰相反，德赫亚的神级扑救，掩盖了曼联防守的诸多漏洞。就像我在他们连胜时指出该队进攻办法不多，眼下，曼联不只是防守一般，前六序列更属中等偏下，穆里尼奥还有很多活没完工。

评价球队后防优劣，单纯丢球多寡是一方面，但这只是表面。更反映防守水平的标准，还包括以下几项：对方射门次数，射门方式，射门区域，机会好坏；己方有效瓦解对方进攻次数，如拦截、一对一铲断、夹防和争顶；门将的反应和选位；后防的造价以及对手的实力。标准不只这些，但这里够用。

只看到曼联英超失球9个［截至第15轮，列英超最佳］，忽视该队防守时的被动，丢球的业余程度和丢球的对象，都难以对曼联后防有正确的认识。曼联本场击败阿森纳更多和运气有关，和阿森纳临门一脚不够冷静有关，和德赫亚的个人禀赋有关。

先从后防造价说起，范加尔和穆里尼奥两期共吃进后卫6人［巴伊、罗霍、卢克肖、布林德、达米安和林德勒夫］，合计近1.66亿欧元［除非说明，下同］，加上弗格森时代的巴伦西亚、琼斯和斯莫林，曼联拥有一条造价两亿欧元的防线。

英超中，只有曼城后防的造价比曼联高。同期，切尔西吃进4人［费利佩·路易斯、大卫·路易斯、吕迪格和扎帕卡斯塔］，耗资1.15亿，是曼联进货投入的七成。曼城也签下6人［芒加拉、奥塔门迪、斯通斯、沃克、门迪和达尼洛］，共斥资2.7亿。是曼联的1.6倍。

本季英超失球排行榜，曼城以失球10个列次佳，切尔西和伯恩利以12个并列第三，热刺［13球］、伯恩茅斯［17球］、南安普顿［18球］依次而降。以平均每个失球的后防造价，伯恩利的后防只花了不到700万，价比最高。

伯恩利已经碰过切尔西、利物浦、曼城、热刺和阿森纳，12个失球中3个丢给曼城［其中一球为点球］，丢给阿森纳的也是点球，对切尔西丢了2球，对热刺和利物浦各丢1球。这5场打前六的比赛，伯恩利1胜2平2负。同档球队中，只在对西汉姆时丢球，6次零封。该队曾在上赛季让曼联37次射门无功而返。

伯恩利的失球中，三分之二丢给了强队，本就属于计划内损失。将损失尽量留在打强队的比赛，这一项，伯恩利做得最好。对手射门统计，伯恩利被各路对手射门逾260次，表面看最惨，再看挨打的损失则是另一番情景。这些射门只造成12个失球，每20次不到一球。

从上赛季到现在，伯恩利面对的射门46%来自禁区之外，本赛季，36%的射门被伯恩利后防堵了枪眼，列英超最高。上赛季，伯恩利和桑德兰、赫尔城和米堡列英超挨打排行前四位，另外三家降级了，伯恩利安然无恙。

曼联本不该和伯恩利相提并论，但穆里尼奥的思路，形同将曼联按照伯恩利的模式塑造。看看曼联本轮在酋长球场的平均站位，绝大部分人被压缩在略宽于禁区，纵深不到20码的狭长空间内，不看球衣颜色，谁会相信这是曼联而不是西汉姆？

这场比赛被标为英超招牌对抗，看场面尴尬了：曼联踢欧冠，阿森纳踢欧联，但欧联代表围攻欧冠代表，射门之比是33∶8，其中拉卡泽特、桑切斯、扎卡等人射门势在必进，不是德赫亚，曼联会被打成筛子。

不仅是阿森纳，切尔西、利物浦和热刺和曼联对阵时，"预期进球"一项都大大领先。何谓"预期进球"？此乃专业统计最新推出的概念，将进球机会拆分成多元，从单刀、任意球、远射、配合到后防失误，提取每个进球的难易程度。对手的"预期进球"越多，意味着自己的防守漏洞越多。

曼联防守到位，怎能让德赫亚扑了又扑？如果德赫亚这么管用，又何必花那一个多亿增兵后防？实战检验，只有马蒂奇加盟，对曼联后防有本质帮助，没有马蒂奇，曼联会丢更多球，失更多分。这是穆里尼奥的功劳，还是阿布的慷慨？

不只是前六对手测出曼联后防不稳，还有中游球队斯托克城和沃特福德，保级热门哈镇和升超新军纽卡都破了曼联城池，斯托克城、沃特福德和哈镇还破了两次。那些对曼联没有进球的弱队，埃弗顿和南安普顿都有吓死人的机会。

本轮被阿森纳围攻的一幕，在之前作客沃特福德也出现了，尽管只是某个阶段。斯托克城在扳平之外，还有更多得分良机，同样的场面发生在纽卡和布莱顿，但临门一脚糟糕，未能给曼联造成更多损失。

短期来看，曼联的现行模式不会有本质变化，强强对话甚至和中游球队交锋，仍是先立足稳守，伺机［定位球或快反］先声夺人，再以唱慢板消耗对方直至再有快反扩大战果。这个打法要成立，不仅需要变阵优化人员搭配，后防手脚麻利，还需要中场捕捉对手从纵深发起突袭，前场要紧逼对手后防加速其出球，迫使其犯错。

德比在即，曼联制胜之道更看重后防不给曼城机会。

（新浪体育，2017年12月5日 10∶13）

针对曼联3∶1客场战胜阿森纳一役，本文作者林良锋从后防球员身价、失球数方面切入，一步步深入，抽丝剥茧式地分析了曼联队在防守中存在的问题，为读者详细阐明了曼联主帅穆里尼奥的战术安排和门将德赫亚的高光表现。这篇评论堪称纵向论证的最佳例证。

2. 横向展开式

横向展开式是各部分之间呈现并列关系的结构方式，即文章的整体结构是围绕着中心论点多侧面展开的辐射性结构，让人在比较宽广的领域对中心论点有一个全面的认识。

请看《体坛周报》专栏作者巴雷特的评论《真正的欧冠从淘汰赛开始》：

巴黎对凯尔特人，两战12比1的总比分表明两支球队之间已无竞争可言。上一次两队在欧战上交锋还是1995—96赛季，巴黎双杀对手，不过比分并不很悬殊：巴黎主场1比0，客场3比0。那年拥有德约卡夫、拉易、勒古恩的巴黎最终夺得了优胜者杯，但却错过了联赛冠军。

那时的巴黎只拿过两届法甲冠军，而凯尔特人则在苏格兰35次登顶。当巴黎成为来势汹汹的欧冠新贵时，凯尔特人早已是贵族圈中的一员了。1967年凯尔特人赢得欧冠时，PSG甚至还没有诞生。巴黎圣日耳曼成立于1970年，次年升入法甲，仅一年后又遭遇降级，1974年重返甲级，此后再也没有降级。

而今已经没有人为巴黎圣日耳曼在欧战上羞辱凯尔特人而感到大惊小怪了，这二十年来，四件大事彻底颠覆了欧洲足坛的面貌。

博斯曼的一纸诉状

第一件事发生在1995—96赛季，博斯曼退役。1995年欧洲法院宣布取消欧洲各国联赛对外援数量的限制，此后某些俱乐部甚至在联赛中安排11名非本国球员出场。

1999年，切尔西成为首家安排全外援首发的球队，随后国际米兰、阿森纳纷纷效仿。2013年，巴黎圣日耳曼成为法甲第一支安排全外援首发的球队。在这个欧洲足坛的军备竞赛时代，一些联赛豪门比如凯尔特人彻底沦落了。

博斯曼效应放大

1999年欧冠联赛改制，博斯曼效应进一步被放大。欧洲优胜者杯的取消增强了欧冠的媒体曝光度，对于顶级球员和众多豪门，参加欧冠是重中之重的事情，其重要性甚至超过了联赛冠军。

成为足球NBA的欧冠云集了所有顶尖球员，他们甚至宁可在巴萨、拜仁、PSG这样的豪门做替补，也不愿去二级球队（比如塞维利亚、埃弗顿、马赛）或普通联赛豪门（苏超、比甲、荷甲）当核心。

普通联赛失去竞争力

这两个现象的叠加导致了第三个变故的发生：当普通联赛穷困潦倒时，五大联赛电视转播权价格却节节飙升。

2002年，BskyB与苏格兰足球联盟未能达成一致，苏超失去了唯一的电视转播商，这也导致了他们在欧战上的落寞，后来凯尔特人的死敌格拉斯哥流浪者甚至遭遇破产。

荷甲打造了独立的电视台，希望能增加收入，但却竹篮打水，他们电视转播价格不见增长，尽管他们拥有阿贾克斯、费耶诺德、埃因霍温这些曾夺得过欧冠的豪门。巨大的经济状况差异让五大联赛之外的球队在欧战上几乎失去了竞争力，除了偶尔爆冷的波尔图。

自2004年波尔图夺得欧冠以来，冠军还从未旁落过五大之外（巴萨4次，皇马3次，利物浦、曼联、切尔西、拜仁、AC米兰、国际米兰各一次），昔日贝尔格莱德红星、布加勒斯特星甚至凯尔特人可以染指欧冠的时代已经一去不复返了。

非欧洲资本涌入

最后一件大事是大量非欧洲资本的涌入（美国、中东、俄罗斯、中国），曼城、巴黎圣日耳曼分别被阿布扎比和卡塔尔人收购，并迅速跻身豪门圈。

除了阿布的切尔西在2011—12赛季夺得欧冠以外，新贵们尚未夺得过这一最高荣誉，大耳朵杯仍被传统贵族皇马、巴萨、拜仁们统治着。这些垄断者不愿被财力雄厚的新贵们分去蛋糕，又出台了财政公平政策，但仍不足以阻止巴黎圣日耳曼连续创纪录地签下内马尔和姆巴佩。

在王子公园的草坪上，巴黎只用3个攻击手就轻松搞定了11人防守的凯尔特人，有一种观点我颇为认同，真正的欧冠是从2月份的淘汰赛开始的。那时，巴黎、曼城将会用成绩证明股东们的投资是否得到了回报。毕竟锦标不是用钱买来的，是在球场上踢出来的。

（《体坛周报》微信公众号2017年11月24日推送）

巴雷特的该篇评论，由欧洲冠军联赛淘汰赛的竞争，引出了近二十年来欧洲足坛的巨大变迁，从博斯曼法案到普通欧洲足球联赛难以为继，再到欧洲二线足球俱乐部财务上的难以为继，以及大量非欧洲资本涌入欧洲足坛。整篇评论旁征博引，新闻背景介绍翔实，堪称横向论证的绝佳例证。

（三）结论

有人用"吃最后一颗花生米"为例，提出最好的结尾应该是要让读者余香满口、回味无穷；无论如何，至少千万不能是一颗发了霉的花生米。新闻评论的结尾是全文的总结，可以呼应开头，也可做出结论，或提出希望，或引发思考，或举一反三，总之要短促、干净、有力，最好能给人以余音绕梁、回味无穷之感。比较常见的有以下几种形式：

1. 总结点题、强化观点

在结尾处归纳主题，强化作者的观点，使论证更充分、更有力。

下文是《体坛周报》专栏作者巴雷特的评论：

俄罗斯很难发生意外，包括抽签！

这届世界杯没有真正意义上的死亡之组，东道主的分组也还不错，距离第21届世界杯还有六个月，一切进展顺利。要想举办一届成功的世界杯，需要满足以下几个要素：1. 出色的东道主观众；2. 比赛要有些意外，但也不能太多；3. 强队走到最后。

自从世界杯扩军到32支球队后，这三个要素几乎从未缺席过。决赛始终是强强对话，1998年法国对巴西，2002年巴西对德国，2006年意大利对法国，2010年西班牙对荷兰，2014年德国对阿根廷。

在他们之中，有两支球队成为新的世界杯拥有者，1998年的法国和2010年的西班牙，世界冠军阵营也从此前的6支扩大到8支。而在1978年—1998年这二十年间，一共只诞生过一位新的世界冠军——阿根廷。

世界杯扩军，也让传统强队受益，比如法国，自1994年以来从未缺席过世界杯，西班牙是自1974年，阿根廷更是从1970年至今。巴西通过预选赛的成功率是100%（20次/20次），德国同样也是世界杯不可缺少的客人，尽管他们曾在1930年和1950年两度因种种原因缺席。乌拉圭则是最经常出现在世界杯舞台上的小国。

意大利历史上首次无缘世界杯决赛圈，并成为唯一一支缺席的世界冠军，不出意外，新科世界冠军仍将在剩余七个世界冠军中诞生。若将冠军候选国的名单扩大到十支，或许可以加上哈梅斯·罗德里格斯的哥伦比亚，阿扎尔、德布劳内的比利时以及唯一一支不止一次从世界杯决赛圈小组赛晋级的非洲球队尼日利亚（1994、1998、2014三次，加纳曾在2006和2010年两次出线，但未能晋级本届世界杯）。

C罗的葡萄牙？奇迹很难复制，特别是对于一支如此幸运夺得欧洲杯的球队来说，一年前他们可是以成绩最好的小组第三的身份从欧洲杯小组赛突围并最终夺冠的。至于莱万多夫斯基的波兰，作为种子球队，他们非常坚强，但似乎对拜仁前锋过于依赖，这样的球队很难成为世界杯冠军。

1986—1994年施行的成绩最好的小组第三出线的规则取消后，世界杯的出线规则变得简单明了，每个小组的前两名进入16强，这也避免了那些让世界杯蒙羞的算计，尤其1982年，德国与奥地利的那场耻辱之战，两队将阿尔及利亚算计出局。

种子球队在小组赛阶段出局也是新规下屡见不鲜的事情，甚至不少卫冕冠军都难逃厄运，比如2002年的法国，2010年的意大利，2014年的西班牙。而在过去，只有1966年的巴西以卫冕冠军身份在小组赛阶段出局。

不过这次我们很难想象卫冕冠军、新科联合会冠军德国会在小组赛止步，尽管他

> 们的小组是竞争最激烈的小组之一，云集了墨西哥、瑞典和韩国。摩洛哥和伊朗也很难给西班牙和葡萄牙造成麻烦。同样，比利时和英格兰也应该会跨过突尼斯和巴拿马这关……要想寻找黑马，眼光要放在别的组别。
>
> 　　俄罗斯虽然分组不错（与沙特、埃及、乌拉圭同组），但考虑到近几年的表现，东道主在本土世界杯上走远的可能性微乎其微。如果他们小组出线，要么遭遇西班牙，要么遭遇葡萄牙！
>
> 　　世界杯在阔别八年后回到欧洲大陆，但这次与1998年法国世界杯和2006年德国世界杯不同，而是与1994年的美国世界杯更为相似。俄罗斯与美国都算不上是知名球队，竞争力平平。
>
> 　　与美国世界杯一样，本届世界杯应该成为全世界球迷的节日。相比美国，俄罗斯同样地大物博，参赛球队的行程也是赛事组织的一大问题，以法国为例，他们在小组赛的行程将超过7000公里，要想在这届世界杯上走远，参赛球队必须在物流和组织上做到完美无缺。所以在俄罗斯，很难有意外发生。
>
> （《体坛周报》微信公众号2017年12月5日推送）

　　本文的结尾处，作者用"俄罗斯同样地大物博""参赛球队的行程不易组织"等材料点明主题，总结全文的同时强化了"在俄罗斯很难有意外发生"的观点，保证了论证的力度。

　　2. 表达希望，鼓舞斗志

　　体育新闻评论的目的不仅仅在于发现问题、厘清责任，更重要的还在于通过对相关问题的论述，给读者以精神上的鼓舞，让人看到希望。例如罗克在题为《伪职业的女排联赛 王一梅竟没球打》一文的结尾，就通过对中国排球的反思，表达了女排联赛职业化的希望。

> 　　所谓职业联赛，球员能够自由流动是一大特点，但是目前中国女排超级联赛却没有做到这一点，究其根本，还是停留在过去的赞助+体工队模式。或许这对于中国女排来说，是一个不错的模式，但从联赛商业价值、球员运动生命周期、球员收入等多方面来说，肯定还是职业化道路走得更深会更好一点。中超能够卖出80亿天价，但为中国拿到9个世界冠军的女排，它的联赛却上不了央视的屏幕，个中缘由，排协的领导们不该反思反思吗？
>
> 　　但愿能够早点看到女排联赛的更多变化，而不仅仅只是换了件球衣，换了球队赞

助商名字而已。

（新浪网 http：//sports.sina.com.cn/zl/other/2017-12-07/zldoc-ifyppemf5730965.shtml2017 年 12 月 7 日 10：17）

3. 余音绕梁，意味深长

2017 年 11 月 16 日，意大利队在世界杯欧洲区预选赛附加赛中两回合不敌瑞典，自 1958 年以来首次无缘世界杯。曾经四夺大力神杯的蓝衣军团竟然无缘 2018 年世界杯，这引起世界足坛的剧烈震动。本场赛后，《体坛周报》记者梁熙明发表了题为《意大利之死》的著名长文评论，详细、深刻而又饱含深情地剖析了意大利足球近年来滑落与倒退的原因，文章的结尾更是让人感觉意味深长、余音绕梁。

作者在结尾处是这样表述的：

当年姑娘们幻想中骑着七彩祥云的白马王子，已变成中年秃顶腆着啤酒肚的油腻男。意大利足球，不可能再起来了，它没有任何起来的迹象和理由。盛世已经结束，白马王子已经死掉，所有的美好，都回不来了。1982 至 2017，奠。

（《体坛周报》微信公众号 2017 年 11 月 16 日推送）

第二节　新媒体体育新闻评论的结构要求

除了前文论及的新媒体体育新闻评论的引论、本论、结论之外，新媒体体育新闻评论的整体结构也有其基本的规范性要求，大体来说，包含以下几点：

一、布局合理、逻辑完整、层次清晰

体育新闻评论结构的内在逻辑性，从受众心理学的角度来说，还表现为文章的结构安排、说理的步骤符合人们的一般性认识规律。评论的结构其实展现了两个心理过程：一是作者的认识过程，二是读者的认识过程。结构的好坏，不仅影响作者思想观点的表达，也影响着读者的理解。

二、服从和服务于主题表达的需要

思想和观点是评论的灵魂，是在一篇评论中起决定作用的因素。一篇体育新闻评

论，即便有很强的新闻性和文采，但如果缺乏思想或空洞无物，那就是废品，没有什么价值与意义可言；如果思想观念错误，那将是有害品，会误导受众。体育新闻评论工作者应以社会责任为己任，努力创作出富有深度的作品，见解深刻独到，言人所不能言，不能仅仅止于某种情感的宣泄。一篇好的体育新闻评论，其力量不在于版面上的位置和字号的大小，而在于字里行间所渗透的思想力。

三、符合新媒体平台的传播特点

新媒体环境对体育新闻评论的要求越来越高，无论是评论的速度、深度还是传播范围的广度，都需要精益求精。内容生产速度过慢，那么相对于其他速度快的新媒体就是旧闻；内容深度不够，就无法吸引受众关注，沉没于新媒体广袤的信息海洋中，甚至泛不起一丝浪花。内容生产的速度和深度还直接影响着新媒体体育新闻评论的范围和广度，如果在新媒体受众中缺乏知名度和影响力，就不会有粉丝群，那么新媒体生产内容的动力会越来越疲软，形成恶性循环，直至消亡。

随着新媒体受众碎片化阅读习惯的逐渐养成，对于新媒体体育新闻评论来说，评论的结构并无固定程式，好的评论都有自己独特的风格，而且不同的媒介也有不同的风格。新媒体体育新闻评论实时、互动的特性，让体育新闻评论打上了鲜明的个性化标签，大大丰富了体育新闻评论的形式。网络附着其上的草根性和去中心性形塑了体育新闻评论的多元性和丰富性。

新媒体体育新闻评论包含了文字、声音、视频、图片等多媒体形式。新媒体体育新闻评论因为时效性较强，所以结构上不拘一格，写作随意性较大，具有杂文的风格，常常在夹叙夹议的过程中既抒发感情又表达看法。受众碎片化的阅读习惯要求新媒体体育新闻评论在更短的篇幅，表达出更具有吸引力和向心力的评论。想要写出阅读量高，甚至是10万＋的评论，就一定要深入了解新媒体平台的特点，生产出满足新媒体平台要求的评论内容。

本章思考与练习

1. 请列举新媒体体育新闻评论常见的结尾形式及其特点。
2. 新媒体体育新闻评论结构的基本要求有哪些？
3. 结合新近发生的体育新闻、赛事或其他体育事件，撰写一篇体育新闻评论。

第八章　新媒体体育新闻评论的语言

本章学习要点

- 新媒体体育新闻评论的语言特征
- 新媒体体育新闻评论的语言策略
- 体育新闻评论用语中要注意的问题

内容提要

　　本章分为三节：第一节从体育新闻评论的娱乐化切入，阐释了体育新闻评论的语言特征，包括武侠化、军事化、文学化、网络化等；第二节说明了新媒体体育新闻评论的言语策略，即专业性和权威性、主观化和个人化、接近性和易读性；第三节主要介绍了体育新闻评论用语中要注意的三个问题。

　　优秀的评论，不仅要把思想表达清楚，还要挖掘事物的深刻内涵；用词不仅要准确、简洁，还应该有美感。新媒体时代，各种资讯竞争日趋激烈，海量信息充斥着人们每天的生活。评论作为媒体的旗帜和方向，只有增强可读性，才能吸引受众，收到较好的传播效果。由此，新媒体体育新闻评论的语言表达就显得格外重要。

第一节　新媒体体育新闻评论的语言特征

一、体育新闻评论的娱乐化趋势

　　新媒体时代，随着市场竞争的日益激烈，体育新媒体面临着越来越大的生存压力。为了提升点击率，一些新媒体体育平台特别注意评论的娱乐性，在语言表达上强调文本的故事性、情节性、趣味性。

正确理解体育新闻评论的娱乐化，需要理性区分"娱乐化"和"庸俗化"。娱乐化是一个中性词汇，娱乐化的新闻传播方式可以使人们在获取新闻资讯的同时愉悦身心、放松精神，因而也更加贴近生活；而"庸俗化"则强调追逐负面、隐私性元素，或者采用暴力和色情的手法哗众取宠以博取眼球。"庸俗化"是"娱乐化"的异化和误读，体育新闻播报娱乐化应避免庸俗化。①

新媒体体育新闻评论语言娱乐化特征的形成，主要有以下方面的原因：

1. 体育本身的娱乐性特征

从某种意义上讲，作为现代社会展现力量和竞争技能的一种方式，体育也是一种美的展示。体育为人们提供了展示自我、争取荣誉的机会。但是，体育最初起源于娱乐活动，很多体育项目本身就是集运动性与娱乐性为一体。人们在体育运动的过程中既能够锻炼身体，还能够获得愉悦感。例如呼啦圈、跳绳、游泳、羽毛球等都是具有娱乐性的运动项目。现代社会，随着大众越来越重视体育锻炼和身体健康，很多体育项目越来越具有娱乐性、大众化、社交化的特点，如高尔夫就是一项这样的运动，高尔夫球场环境优美，一般有草坪、湖泊、树丛等自然景观，人们身处其中挥杆击球，既能够锻炼身体，又能陶冶性情。同时，高尔夫还是一项社交运动，许多现代精英人士都将高尔夫球场视为重要的社交场所。随着传播技术的发展，观看比赛也成为一种大众休闲娱乐活动，而体育新闻评论的娱乐化吻合了体育运动的这些特点。

2. 符合受众群体的需求

随着社会经济的快速发展，现代人的生活节奏不断加快，工作强度越来越大，无论是身体还是精神都需要放松与休息。为了满足大众这一需求，整个媒体行业都出现了娱乐化的倾向，新媒体体育新闻评论也不例外。人们在闲暇之余更愿意接触和阅读轻松、有趣的体育评论，这既能够满足人们的认知需求和精神需求，也能够使人们获得心理愉悦。从这个角度来说，新媒体体育新闻评论语言的娱乐化满足了受众群体的消费需求。

3. 市场竞争的必然趋势

随着科学技术的不断发展与应用，各种新兴媒体不断涌现，特别是网络媒体的出现，丰富了新闻传播的手段和方式。面对激烈的市场竞争，媒体为了获取较大的市场

---

① 李利伟. 刍议体育新闻娱乐化［J］. 当代电视，2015（1）：108.

份额,都在积极探索吸引受众的有效方式。其中,适应市场竞争的重要表现,就是内容娱乐化。因此,体育媒体为推动自身的生存与发展,走向娱乐化道路是必然趋势。①

二、体育新闻评论的语言特征

(一)武侠化

我国的武侠小说及文化源远流长,渗透到社会的各个领域。自20世纪90年代以来,武侠风格的体育新闻报道逐渐盛行,成为广受读者喜爱的一种新闻写作模式。这种方式别具一格地将中华武侠文化和体育运动结合起来,增加了评论的创新性和趣味性,迎合了读者的民族文化心理,具有很强的推广价值。

体育新闻评论语言之所以具有强烈的武侠化特征,主要是因为比赛的演进过程完美契合了武侠的英雄叙事。一方面,比赛过程的激烈竞争与武侠故事中江湖搏杀的主题非常吻合;比赛的不确定性和偶然性与武侠小说中戏剧性变化和故事情节也十分相同;竞赛激烈对抗与江湖交锋博弈过程中,运动员与侠客的紧张、惊险、刺激等心理体验也相当一致;运动场上绝技封杀的技战术运用,与江湖交手中的一招制敌也极具相似性。②另一方面,从明清时期的《水浒传》到如今金庸、古龙和梁羽生的《倚天屠龙记》《小李飞刀》和《七剑下天山》等武侠文学作品,都宣扬了惩恶扬善、除暴安良、知恩图报、义薄云天的英雄情结和武侠精神。而获得英雄式的精神感召和心灵满足,也正是人们希望通过体育赛事汲取的。最后时刻的攻入绝杀、力挽狂澜、永不服输、敢于亮剑、以弱胜强、团结协作、众志成城,这些体育比赛中令人心潮澎湃的场景,无疑也是武侠小说中英雄式表演的浓缩。

在体育新闻评论创作中借鉴武侠化语言来表现体育比赛激烈竞争的场面,能够使所要表达的对象更加生动形象,而且可以增强言说的趣味性,在娱乐化时代更容易吸引读者。同时,将运动队和体育明星的形象气质、风格特点与相应的武侠人物匹配,从而衍生出其特有的、标志性的称谓,也便于对体坛明星的英雄形象的塑造。例如铁血、严谨的德国男足被称为"日耳曼战车";任意球脚法精湛的万人迷贝克汉姆人称"小李广",他那一脚精湛的任意球也往往被球迷、评论员戏称为"圆月弯刀";篮球巨星迈克尔·乔丹则因为其强大的弹跳和滞空能力被媒体和球迷称为"飞人"。

---

① 李建辉.对我国体育新闻娱乐化倾向的思考[J].新闻战线,2016(10):37.
② 曾杨.体育新闻武侠化写作刍议[J].新闻界,2017(9):69.

（二）军事化

下面两段文字是摘自 2017 年 12 月 01 日《体坛周报》微信公众号上的一篇足球评论：

> "首先来回看一下刚刚结束的第 14 轮，有绝杀、有冷门、有大胜，英超之美可谓体现得十分充分。这其中埃弗顿对垒西汉姆一役，则堪称'棋逢对手'又结局惊人。两队均曾是英超中游球队的佼佼者，对于跻身豪门行列抱有憧憬。"
>
> ……
>
> "现实却是时代有些变了，虽然六强已然高人一等，但六强之中却又有曼城更高一等。赛季之初，尚有红魔疯狂收割弱旅可与蓝月媲美，但当战况愈加激烈，伤病等非战斗因素也开始考验球队的综合实力时，兵多将广、又把传控和快反战术完美结合的曼城就开始了一骑绝尘。"
>
> （2017 年 12 月 01 日《体坛周报》微信公众号推送《【观察】英超六强阶层固化，唯鏖战能破！》）

上述两段文字中，评论员在表达观点过程中多次运用了诸如"对垒""弱旅""战况""兵多将广"等词语，这些来源于战争的军事化表达，已经成为新媒体时代体育新闻评论的重要语言特征。

军事化语言在体育新闻评论中能够得到广泛应用，主要在于军事和体育之间有着千丝万缕的联系。作为一种竞技活动，体育比赛常常被称为"没有硝烟的战争"，其与军事战争之间存在着类似的对抗冲突和成王败寇的体验。体育运动自诞生之日起，就受到了军事活动的影响，许多体育项目就是直接脱胎于军事活动。现代奥运会项目不少也是由战斗动作衍变而成的。例如，标枪源于古代的投枪；铅球源于古代的石制球形炮弹，而著名的马拉松运动则直接来自战场传送捷报的史实。同时，军事在几千年的中国社会文化中一直受到高度重视，连普通民众在非军事场合都整天熟练地使用着军事语。中国近现代经历的一系列战争，使得军事文化更加深入普通民众生活。[①]

由于体育新闻评论的受众大多数都有好胜心理，因此评论语言的军事化表达更能迎合体育迷的心理需求。从传播效果上看，运用得当的军事化语言也可以提高表达效果。军事语言不仅能够直观、逼真地反映体育比赛的激烈状况，而且可以增强文字活力和感染力，提高受众对作者观点的接受度。

---

① 郭萍，祝鹏卿，余炳毛. 浅谈体育新闻报道中的军事语言［J］. 新闻知识，2009（8）：66.

（三）文学化

在众多新媒体体育新闻评论文章中，赛事复盘类和技战术分析占据着较大比重。体育作为一种社会文化现象甚至是人们的一种生活方式，除了竞技性之外还具有很强的社会性。因此，体育新闻评论的写作范围由赛况分析扩大到了比赛周边的所有事件上，形象而深刻的文学性语言也被更多地运用到评论创作中来。

> 老兵不死，只是慢慢凋零。对于布冯这样夺得过无数辉煌胜利的老兵，更好的宿命结局也许是，在一次伏击中被打死。
>
> 李如松，一代名将，一手为明朝平息壬辰之乱，粉碎日军侵朝，却在出击土蛮时中伏阵亡。瓦杜丁大将，苏联卫国战争重创德军，解放基辅，战功赫赫，却在途经一小村被土匪冷枪击中身亡，为苏联二战时阵亡的最高级别将领。
>
> 一旦布冯真的去不成世界杯，标志着意大利足球辉煌岁月的彻底结束。那些鲜花般的岁月，流着奶与蜜的世界，再也回不来了，意大利足球，可能再也追不上去了，留下的只是一段曾经的陪伴。
>
> 这就足够了。
>
> （梁熙明.梁熙明：意大利之殇［EB/OL］.（2017-11-12）［2021-03-20］.www.ttplus.cn.）

上述文字是《体坛周报》记者梁熙明在《意大利之殇》一文中的部分表述。作者引用李如松和瓦杜丁大将两人的事例，说明布冯作为意大利功勋门将在其职业生涯末期遭遇的"悲惨"命运。"那些鲜花般的岁月，流着奶与蜜的世界，再也回不来了"这些比喻手法的运用，阐明了意大利足球江河日下、辉煌不再的落寞现状，表达了对布冯和整个意大利足球的惋惜之情，字里行间流露着作者的款款深情。

再看一个例子：

> "里皮二代"初次亮相给人希望，二次亮相让人们回归冷静，三次亮相则告诉所有人，主帅水平高低确实太重要了，不过比主帅更重要的还是球员，里皮已经是超一流名厨，但要他用三流的食材烹饪出一流的佳肴，谈何容易！恐怕还要给他更多时间，让他仔细挑选、清洗、搭配和焖蒸炖炒，才可能完成这桌可口的饭菜。
>
> 在《里皮救得一时难救一世 国足重建之路依旧漫长》这篇评论中，作者尹波将中国男足主帅里皮比作超一流名厨，将中国球员比作三流食材，形象生动地表明里皮

改造中国足球的困难程度。

（尹波.里皮救得一时难救一世,国足重建之路依旧漫长［EB/OL］.（2017-12-16）［2021-03-20］. http: //sports.sina.com.cn/zl/football/2017-12-17/zldoc-ifypsqka4656794.shtml.）

第二节　新媒体体育新闻评论的语言策略

一、专业性和权威性

我国娱乐、金融、房产、汽车、化妆品等产业的兴盛，催生了娱乐新闻评论、财经新闻评论、房产新闻评论、汽车新闻评论、美容新闻评论的繁荣。随着大众整体素养的提升，日益分化的读者群体更倾向于更专业的评论。这导致了两种现象产生：一是新闻评论内容日趋深入、深化；二是新闻评论的语言呈专业化倾向。[1]

现在的体育新闻受众尤其是体育迷普遍拥有一定的甚至接近专业的体育知识、信念、价值观，这要求体育新闻评论员更为专业和权威，对所评论的话题有更广博的知识，对新闻事件的内涵有更独到的见解。因此媒体倾向于邀请那些既具有丰富知识又对体育有着深刻见解的专家来做评论员，以专业性和权威性去能够吸引越来越在行的体育迷们。

从言语策略的角度来看，在以马德兴、周文渊、张卫平、于嘉、黄建翔等为代表的专家和行家的体育评论中，大量体育专业术语尤其是技战术术语的信手拈来、准确使用，是体现评论专业性的基础。而增加话语权威性最常见的方法是直接或间接地引用新闻事件中教练员、运动员、裁判员等就赛事而发表的富有意味的言论，或者列出一系列的统计数据作为证据。准确的体育术语和数据引用，已成为评论员增加自己评价、解释、预测等言语行为信度的主要语言策略。

二、主观化和个人化

就叙述风格来说，评论员在话语中一定要含有评论员"自我"的表现成分，在话语中留下自我印记。从表层语言来看，第一人称词"我"和主观意识动词的组合比较常见，诸如"我觉得、我希望、我期待、我预见、我料到、我以为、我预测、我不想、我愿意、令我想到、令人……"等已成为体育新闻评论中常用的个人叙述标记。

---

[1] 林虹宇.新闻评论标题的审美文化探微［J］.青年记者，2014（11）：45.

从言语风格来看，一个成熟的评论员往往有着相对稳定的行文风格。优秀的评论员都通过确立和贯彻个人的行文风格而独树一帜，使高辨识度的评论成为体育媒体的亮点，也使这些媒体拥有了一大批忠实受众。

三、接近性和易读性

要最大化地在受众身上实现体育新闻评论的语用意图，还需要在言语方式上注重与受众的接近性和文字的易读性。除了评论话题外，接近性语言策略还可以从两方面入手：其一是表达方式的接近。常见的是"我们"的方式，即撰稿人和读者——"我们"都置身新闻事件之中，一起想象场景和图画，一起探讨和评价新闻事件，以此拉近评论者和受众心理上的距离。其二是言辞的接近。采用简略的体育用语，采用体育受众熟悉的表达方式是最直接而有效的策略。在新媒体体育新闻评论中，战争、武侠、戏剧等隐喻性的词语的运用，既契合体育媒体娱乐化的特征，也成为接近受众的有效语言策略。

第三节 新媒体体育新闻评论中的用语问题

由于创作主体范围多元、受众需求日益多样，新媒体体育新闻评论在内容呈现和语言表达方面发生了重大变化。以往义正词严、一板一眼的说理性话语体系已日渐式微，有个性、有温度的语言更能获得受众青睐。这种变化，一方面驱使创作者要顺应时代、精益求精，另一方面也在警醒他们在用语时要注意避免下述问题。

一、专业化与"夹生饭"现象

随着社会分工的精细化程度不断加深，各行业之间的技术间隔日益扩大，对相关从业者的专业化要求不断提高。受此影响，新媒体体育新闻评论会根据项目的不同进行更为细致的划分，致力于提高评论内容的专业化则是对创作者的共同要求。而评论内容的专业化，很大程度上取决于评论语言的专业化。

需要注意的是，专业化并不是要求评论作品将阅读门槛过于拔高，毫无节制地使用技战术用语和数据分析，而是要强调语言从专业向通俗的转化。对体育新闻评论的一个基本要求就是要避免"夹生饭"现象——内行看不过瘾，外行看不懂，影响体育新闻评论的传播力。

二、人文情怀与教化口吻

体育新闻评论具有很强的娱乐性和休闲性，但这必须以人性化为前提。丢失了体育的人文精神，"娱乐"受众就变成了"愚弄"受众，体育新闻评论就会走向"低俗"和"煽情"，最终在新媒体时代丧失竞争力。新媒体时代的体育新闻评论员应该是"性情中人"——不能忘了血液里流淌着对体育的热情，也不能放弃从体育中探寻对生命和人类存在方式的思考。同时，体育新闻评论的语言一定不能是教化口吻，而是平等的互动体。在人人都有麦克风、人人掌握发言权的时代，居高临下的教化和灌输只会被受众所抛弃。

三、个性特色与用语规范

语言是思维的工具，但不是思维本身；语言符号有任意性，同时还具有约定俗成的强制性。新媒体体育新闻评论必须在坚持语言规范化的前提下追求个性特色，创造出具有鲜明个人标签和可读性甚至是必读性的评论作品。新媒体时代的体育新闻评论作者，应该充分了解体育受众的特点和需求，善于运用群众化语言，深入浅出，说理透彻；巧喻善比，说辞生动形象；善用诗文典故，有感而发、以情动人、以理服人；还要注意要言不烦、道理实在、言之有物、论题适中、篇幅适度、字斟句酌、语言规范。

总之，新媒体体育新闻评论的语言务必做到准确简明、生动而不失理性。好的体育新闻评论，必须要让异彩纷呈的文字有浸润内涵，求真戒虚、求实戒空、求新戒旧、求精戒繁、求活戒腐、求深戒浮，使体育新闻评论易懂、易读、简洁、幽默，形成健康良好的文风。

本章思考与练习

1. 新媒体体育新闻评论的语言特征有哪些？
2. 试析新媒体体育新闻评论的言语策略。
3. 体育新闻评论用语中要注意哪些问题？
4. 试用娱乐化的方式，对以下事件撰写体育评论。

素材一：在2021年自由式滑雪与单板滑雪世界锦标赛上，谷爱凌一人独揽2金1铜，成为世锦赛历史上首位在3个项目都拿到奖牌的自由式滑雪运动员，也是目前中国世锦赛金牌榜第一的在役自由式滑雪选手，与齐广璞并列，在所有中国自由式滑雪运动员中仅次于3金在身的李妮娜。对于这样一位出生于美国的00后运动员，你会有怎样的期待？请搜集她的成长故事，以音频的形式讲述人物性格特点及冬奥会前景分析，注意语言要做到轻松幽默。

素材二：北京时间2021年3月19日19:00，2020—2021赛季欧洲冠军联赛1/4决赛进行了抽签仪式，对阵情况全部出炉，拜仁抽中大巴黎，皇马对阵利物浦，其他两组分别是：曼城与多特蒙德，波尔图与切尔西。对于这四场对决，各队球迷一定有不同的心态，请你结合球队实力与状态，以吐槽的形式阐述各队在知道抽签结果后的心情，并分析未来的晋级前景。

第九章 经典案例解析——新媒体时代的四大球评论

内容提要

本章分为四大部分，分别对足球、篮球、排球、网球这四大球类运动的相关新闻评论进行了案例分析，试图通过热点赛事中有影响力的评论，向读者介绍新媒体时代体育新闻评论在生产与传播中所面临的困境与机遇。第一节是对新媒体时代四大球评论的整体概述；第二节主要通过2018年俄罗斯世界杯期间白岩松的评论，分析新媒体时代足球评论创作中应注意的问题；第三节通过回顾杨毅在公众号发表的一篇篮球评论所引起的争议，分析新媒体时代篮球评论所面临的问题；第四节主要通过《人民日报》刊发的排球评论，分析新媒体时代排球评论的特点和规律；第五节主要通过《体坛周报》记者张奔斗的文章，分析新媒体时代网球评论创作中应注意的问题。

第一节 新媒体时代四大球评论特点

足球、篮球、排球、网球是体育运动中的重要项目，每年都有许多重大赛事举行，吸引了无数体育迷的关注，四大球的体育新闻评论一直活跃于各大新媒体平台中，其评论也形成了自身的特点。

一、传播途径多元

新媒体具有形式多样、内容丰富、交互兼容等特点，扩宽了体育新闻评论的传播途径，具体表现在两个方面：第一，用户数量庞大。2021年2月，中国互联网络信息中心（CNNIC）发布了第47次《中国互联网络发展状况统计报告》（以下简称《报告》）。《报告》显示，截至2020年12月，我国网民规模达9.89亿，较2020年3月增长 8540 万，互联网普及率达 70.4%。值得一提的是，网络视频用户规模达 9.27 亿，占网民整体的 93.7%。其中短视频用户规模为 8.73 亿，占网民整体的 88.3%。如此庞大的网民基数为新媒体平台的内容生产提供了广阔发展空间，并促成短视频成为信息传播的主要平台。第二，内容形式多样，且包容性强。除了体育类新媒体之外，其他各种类别的新媒体，如豆瓣、抖音、微信、博客、QQ 空间、知乎、百度贴吧等，都能够成为体育评论的载体，四大球评论几乎延伸到了各个媒介。因此，体育新闻评论在新媒体时代的传播渠道更加多元、形式更加丰富、内容更加精细。

二、角度犀利独特

在四大球中，中国曾在排球和网球中取得过傲人的成绩，但是足球和篮球一直都不是中国的强项。在传统媒体时代，球类评论往往会站在"积极"的角度，更多的是抱以美好的期许，以此来鞭策和鼓励中国体育事业的发展。然而，新媒体时代的体育新闻评论更强调新颖独特的观点和角度。受众需要听到真实与真诚的评论，甚至欢迎个性、犀利、尖锐的声音。新媒体时代是一个个性碰撞、自由表达的时代，在海量信息中，如果评论呈现出千篇一律、观点雷同的问题，或者"假大空"的套路，必然会失去受众的信赖。

三、文体形式丰富

长篇的文字球评能够给受众带来专业、深度、详细的赛事解读和体坛分析。然而在新媒体时代，信息数量与更迭速度超乎人们的想象，使受众越来越无法将注意力集中在长篇文字当中。为了顺应受众需求，球评开始出现了丰富多样的文体形式。图片、动图、表格、数据云图、短视频、超链接、智能互动等形式被广泛运用，给受众带来生动直观、图文并茂、丰富有趣的视觉体验。不仅如此，社交媒体还为球迷打造了实时评论的平台：在比赛进行中，球迷们可以一边观看比赛，一边在平台视频的弹幕上或是在新浪微博、微信朋友圈等社交平台上发表即时评论，参与互动。

在新媒体语境下，四大球评论呈现出了新的样态，也印证了麦克卢汉的经典理论"媒介即讯息"：媒介的进化让传播内容与形式发生了相应的改变，但最终都是为了适应受众需求。足球、篮球、网球、排球的比赛规则与竞技特点各不相同，因而其评论的侧重点也会有所区别，接下来将通过具体案例来进行详细分析。

第二节　新媒体足球评论

　　作为世界第一大运动，足球在全球各地都拥有众多爱好者，他们为球队呐喊、为明星球员痴狂。足球运动的超高普及度和影响力，带动了足球新闻报道的发展。无论是在以报纸、电视为代表的传统媒体时代，还是当今新媒体时代，足球赛事报道都是体育媒体机构的重要业务板块。足球评论作为其中最具传播力和感染力的王牌武器，始终在体育新闻实践中扮演着重要角色，成为回应球迷关切、引导球迷舆论的重要工具，整体上呈现出"希望与失望并存，鼓励与犀利同在"的特点。

　　自21世纪初以来，我国足球评论历经了门户网站、论坛贴吧、新浪博客、微信公众号，以及垂直类足球资讯App等多个内容载体的迭代。火热的新闻市场和旺盛的球迷需求锻造了一大批足球评论精英。稍有资历的中国球迷，都会对毕熙东、马德兴、李承鹏、周文渊等名字耳熟能详，他们的作品也在球迷群体中广为传颂。除了毕熙东这样的专职足球记者和足球评论员之外，还有一些其他领域的新闻评论员也时常会参与到重大足球事件的讨论之中，发表颇具见解和分量的观点，央视著名主持人白岩松就是这样一位"跨界"球评家。

　　2018年俄罗斯世界杯是国际足联世界杯足球赛举办的第21届赛事。比赛于2018年6月14日至7月15日在俄罗斯举行，这是世界杯首次在俄罗斯举行，也是首次在东欧国家举行。本届赛事共有来自5大洲足联的32支球队参赛，除东道主俄罗斯队自动获得参赛资格以外，其余31支球队通过各大洲足联举办的预选赛事获得参赛资格。最终法国和克罗地亚进入决赛。在我国的众多评论中，关于此次世界杯的知名度最高、传播度最广、讨论活跃度最高的是这么一句话："俄罗斯世界杯，中国除了足球队没去，基本上其他的都去了。"这句话正是出自白岩松之口。

　　2018年6月10日，在央视新闻频道上海合作组织青岛峰会的特别报道中，白岩松这样说道："前两天我刚刚看过一个国际足联统计的数据，中国球迷购买本届世界杯门票超过4万张，在所有的国家当中排名第9，要知道一共32个国家参赛，咱们还没参赛，就比西班牙和英格兰等参赛国家的球迷购买的球票数都多，很多中国的赞助商登上了俄罗斯世界杯的舞台。这句话这么说吧，俄罗斯世界杯，中国除了足球队没去，基本上其他的都去了。所以你也能够看到这种民间人文交流的密度。"一语激起千层浪，通过新媒体平台的爆炸式传播，这段评论成为俄罗斯世界杯评论中，在我国影响范围和知晓度最高的评论。为什么这样一段简短的评论能够迅速传播，并且成为本届世界杯评论中的经典呢？我们从以下几个方面进行分析。

白岩松在央视新闻上海合作组织青岛峰会特别报道中对于俄罗斯世界杯的这段评论时长不到 1 分钟，首先是通过央视新闻频道传播出来，随后又在微博、微信朋友圈、微信公众号、虎扑论坛等新媒体平台上进行二次传播，是新媒体丰富了其传播途径，使之得以快速广泛传播。同时，各自媒体以此评论作为切入点，对国足进行全面评析，进一步延伸了该评论的深度。这条由传统媒体制作和播出的评论，经由新媒体平台的多渠道"交叉平行"传播之后，产生了广泛而深远的影响，以至于当时中国足协副主席、中超公司董事长李毓毅在世界杯考察团交流会上强调："到 2022 年世界杯时，一定要让国足参加世界杯。"这句话又掀起了一大波球迷的热议。

白岩松的这段评论之所以能刷爆新媒体，还在于他的犀利性。在众多体育项目当中，足球并不是中国的强项，纵观世界杯历史，中国足球只在 2002 年首次也是唯一一次获得世界杯参赛资格，打入韩日世界杯。"中国除了足球队没去，基本上其他的都去了"的言外之意就是在讽刺中国足球的落后，表现出广大球迷对国足的极度失望。在 2002 年的日韩世界杯上，中国队三战皆负，小组垫底，无缘 16 强淘汰赛，在技术上和战术上都与别的国家有相当大的差距。如今，十几年过去了，国足没能再次出现在世界杯的舞台上，让球迷们的期待一次又一次落空。特别是在本次世界杯中，亚洲区史上首次有 5 支国家队打进决赛圈，其中日本自 1998 年以来连续 6 届打进世界杯，韩国第 10 次晋级世界杯，沙特、伊朗和澳大利亚却是第 5 次进入世界杯；此外，北欧小国冰岛和中美洲小国巴拿马首度晋级，冰岛队还在首轮比赛中以 1∶1 的成绩逼平了传统强国阿根廷，它们在足球场上都走在了中国前面，这不得不让中国球迷对国足的"怨念"再度升级，也难怪白岩松犀利的讽刺获得球迷们的纷纷点赞和转发。

白岩松在评论中提到的中国球迷购买了大量门票及中国赞助商席卷世界杯，证明了中国的经济实力、国际贸易实力、国际赛事影响力都在大幅提高。在这段评论发出之后，许多自媒体纷纷开挖了中国企业在俄罗斯世界杯赞助商体系中的"最强阵容"——包括万达、蒙牛、海信、VIVO、雅迪、VR 科技公司指点艺境、帝牌共 7 家中国企业现身本届世界杯赞助商队伍，涵盖从顶级到区域赞助的三级赞助级别，在世界杯赞助体系中创了数量和赞助金额的新高。市场研究公司 Zenith 的数据显示，2018 年俄罗斯世界杯期间，各国企业投入的广告费用共 24 亿美元，其中，中国企业在世界杯期间的广告支出高达 8.35 亿美元（约合 53 亿元人民币），超过美国 4 亿美元，高出东道主俄罗斯 6400 万美元，为全球排名第一。中国企业赞助世界杯的新高，打破了昔日美国企业、日本企业对奥运会、世界杯等国际体育盛会的赞助席位大包大揽的局面。

除此之外，许多中国企业与世界杯参赛国球星签署相关赞助协议，包括乌拉圭的苏亚雷斯、巴西的内马尔以及阿根廷的梅西、葡萄牙的C罗等大牌球星。苏宁体育更是签约了一些知名国家队，能够在赛后第一时间获得球队或球员的采访视频。此外，世界杯相关的很多衍生产品的都是"Made in China"（中国制造），比如各国的小旗子来自义乌，世界杯用球也产自中国。《参考消息》还曾报道，10万只湖北产的小龙虾"搭载"中欧班列，从武汉来到莫斯科，为各国球迷献上了助兴美食⋯⋯

综上所述，白岩松的这段点燃舆论风暴的评论，一方面体现了球迷们对国足的失望之情，另一方面也反映出我国经济实力的不断攀升，提升了广大球迷的自豪感和自信心。失望和自豪两种情感的叠加和交融，让这段评论更加深入人心。这段评论总共只有200余字，时长不超过1分钟，很符合新媒体内容的特点，在不同新媒体平台传播的时候，能够迅速被观众所接受。当然，篇幅短小并不意味着信息量少，白岩松的这段短评既为中国赞助商、美食、衍生产品进军俄罗斯世界杯而"点赞"，也吐槽了国足未能打进世界杯的事实。寥寥数语，却道出了心酸、失落、自豪、无奈、讽刺等复杂情感，可见功力之深厚。这也为体育新闻评论工作者提供了优秀的评论范本，同时也反映出新媒体体育新闻评论必须有真情实感，切不可无病呻吟。

总而言之，白岩松这一案例表明，足球评论呈现出传播渠道多元化、评论观点新颖独特、文体形式丰富多样的特点，这些都是新媒体时代足球评论必不可少的元素。

第三节　新媒体篮球评论

篮球运动是我国参与人数最多的运动之一，篮球运动的娱乐性、观赏性、健身性和可观赏性，深受大众的喜爱，尤其是在青少年中的普及程度非常高。新媒体时代，篮球评论呈现出如下特点：首先，随着《这！就是灌篮》《超级企鹅联盟：Super3星斗场》《篮板青春》《我要打篮球》等竞技类篮球网络综艺的诞生与推广，篮球评论的范围进一步拓宽，不仅包括传统的篮球赛事、篮球新闻评论，而且包括了对于篮球综艺竞技的评论，这也使得篮球评论产生了娱乐化的倾向。其次，随着篮球在青少年群体中的推广，篮球评论的受众越来越广泛，尤其是影响了许多年轻人的认知，因此新媒体时代的篮球评论不仅要有较强的专业性，还要引导受众树立正确的体育价值观。最后，众所周知，篮球并不是中国的强项运动，但是涌现出了姚明、易建联、巴特尔、王治郅、孙悦等国际明星球员，近年来，郭艾伦、周琦、王哲林、丁彦雨航等篮球新星正在冉冉升起，成为体坛的话题人物，因此，"人物特写"成为体育新闻评论中的重要部分。

著名篮球评论员苏群在其微信公众号上发表的篮球评论就具有典型的新媒体评论特点，在此以 2019 年 3 月 27 日的篮球评论《郭艾伦 PK 王哲林，手心手背都是咱们的肉》为例进行分析。（扫描下图二维码，即可阅读评论全文。）

图 9-1　郭艾伦 PK 王哲林，手心手背都是咱们的肉

第一，与严肃、规整的传统体育新闻评论不同，这篇篮球评论的文风呈现出口语化、娱乐化的特点，带给受众轻松、愉悦的阅读体验。"紧张啊！刺激啊！""姚明笑得嘴都咧到耳朵根儿啦""大王和大侄子是同一代球员""中国版'水花兄弟'"等语言表达方式活泼亲切、通俗易懂、更接地气，降低了受众的阅读门槛，贴近网络交流的用语习惯。作者在表达观点的时候，不是居高临下地说教，而是仿佛在与观众交流或"唠嗑儿"，人情味浓郁，体现出平民化的叙事态度和视角。另外，全文没有设置小标题，而是划分了很多段落，甚至一句话成一段，行距和段间距较大，排版较为松散，呈现出"碎片化"的结构特点，更适合受众在移动过程中的阅读习惯。

第二，除了用文字对主题进行详细分析与解读之外，这篇篮球评论还贴出了多张图片和动图，既能直观、生动地展现福建队和辽宁队的比赛现场，再现球员的精彩动作，又能通过图像来丰富阅读体验，避免受众因为阅读长文而产生无聊乏味之感。同时，文中用加黑加粗的字体将重要的内容凸显出来，便于受众快速获取重点信息。

第三，虽然该评论在行文风格与行式上不够正统，但是仍然保持着高度的专业性。评论分析了这场比赛中福建队和辽宁队的技战术和缺陷不足，并将评论重点放在郭艾伦和王哲林两位球星身上，提出"两队的较量变成了郭艾伦 PK 王哲林"，认为这两位球星在各自队伍中具有举足轻重的地位，因而对两个人在赛场上的表现和球技特点进行了详细而深入的分析，将两者之间的较量称为"强者之争"。

第四，相对而言，苏群对郭艾伦的评论占据了更大篇幅，对他进行了"特写式"分析，将郭艾伦的得分、球技、性格、优点、赛场表现等进行了较为全面的评价，在字里行间里表达出对郭艾伦的欣赏，认为"郭艾伦异于常人"。这种对某一球星的"独秀式"刻画在新媒体篮球评论中经常出现，通过明星球员的"星辉"来带动整个篮球事业的士气，正如苏群在结尾时所说的："等 CBA 有了足够多的精英球员，不再依赖外援，也可以扩充联盟，将季后赛队伍增加到 16 支，那样就不会有首轮的轮空球队，不怕休息时间过长。到那时候，中国的 MVP 不只有郭艾伦 PK 王哲林，就像 NBA 不只是威少 PK 哈登，或者哈登 PK 字母。"从字里行间中可以看出，苏群对中国篮球的未来充满了信心，向篮球粉丝传递了积极信息。

第四节　新媒体排球评论

中国女排深受国人的喜爱，"女排精神"是中国女子排球队顽强战斗、勇敢拼搏精神的概括，激励着几代中国人自强不息、勇攀高峰。2016 年巴西里约热内卢奥运会中国女排重夺金牌，举国上下激动万分，中国女排的关注度被推向新的高度。新媒体时代，女排精神非但没有被弱化，反而在女排姑娘的优异战绩和社交媒体裂变传播的刺激下得到了进一步的深化和弘扬。

在新媒体技术的推动之下，排球信息传播更加的快速便捷，女排运动员的明星化程度也越来越高。在女排成绩优异和运动员明星化的双重推动之下，排球评论也呈现出新的特点，一是弘扬女排精神，二是娱乐化、极端化的现象也越来越明显。

2019 年 9 月 28 日下午，中国女排在女排世界杯大阪站的比赛中迎战塞尔维亚队。最终，中国女排以 3 比 0 的傲人成绩战胜对手，收获 10 连胜，并提前一轮夺得本届女排世界杯冠军，成功卫冕。这也是中国女排收获的第 10 个世界冠军。喜讯传出，举国欢腾，各大体育网站、公众号、自媒体都发表了相关评论，其中"广东共青团"微信公众号发表的评论文章《十胜！提前夺冠！有一种精神，叫"中国女排"》被网友们疯狂转发，迅速获得了超 10 万的阅读量，值得我们学习和分享。（扫描下图二维码，即可阅读评论全文。）

图 9-2　十胜！提前夺冠！有一种精神，叫"中国女排"

这篇文章最突出的特点就是"及时性"。这场比赛在北京时间当天 15 点 57 分左右结束，16 点 10 分，也就是比赛结束十多分钟之后，"广东共青团"微信公众号上就刊出了这篇深度评论，这样的时效在传统媒体时代是不敢想象的，体现出新媒体时代体育新闻评论生产速度快、传播速度快、传播范围广的特点。

在内容层面，评论重在强调女排精神，从1981年中国女排第一次夺得世界大赛冠军开始追忆，讲述中国女排近40年的奋斗历程，以此来展现中国女排坚韧不拔、顽强战斗、勇敢拼搏的精神。整篇评论材料丰富、故事翔实，有着沉甸甸的历史厚重感，将女排精神的内涵淋漓尽致地表达了出来。

在表现形式上，文章以"十连胜！提前一轮蝉联世界杯冠军。十冠王！中国女排第十次登上世界之巅"这两句对称式、口号式的句子开头，干脆利落地突出重点，瞬间燃起粉丝们的兴奋之情。全文插入了几代排球女将们在不同时期、不同比赛现场及场外训练的精彩照片和视频，勾起几代人的集体记忆，带领受众重温那些让人感动与骄傲的时刻，传递了满满的正能量，获得了受众的广泛认可，得到了超过10万的阅读量。

女排是中国的骄傲，女排精神也是中国民族精神的一部分，因此，网络中关于女排和女排精神的新闻评论很多，网友的评论参与度也很高，甚至非排球迷也会加入评论队伍中来。然而，"众声喧哗"也造成了一定的问题，2018年5月2日，《人民日报》发表了一篇题为《客观看比赛 理性对输赢》的评论，引起了很多球迷的共鸣。

客观看比赛 理性对输赢

情绪化的表达、非理性的评价、哗众取宠式的论调，只会暴露肤浅，不会收获点赞。

日前结束的土耳其女排联赛决赛，朱婷效力的瓦基弗银行队夺得冠军，但比赛打得是一波三折，围绕球队和朱婷的声音也大起大落。

瓦基弗银行队首战轻松取胜，朱婷一人独得25分。赛后，网上一片狂赞："厉害了，我的婷""朱婷是名副其实世界女排第一人"……谁料，之后瓦基弗银行队连输两场，消息传来，瓦基弗银行队主帅古德蒂的临场指挥、二传纳兹的传球选择颇受诟病；朱婷也因为第三战成功率不高，被认为输给了对手伊萨奇巴希队阵中的博斯科维奇，"水平越来越低"。甚至还有人翻"旧账"佐证：瓦基弗银行队本赛季联赛首场失利，对手正是伊萨奇巴希队，而那场比赛，朱婷和博斯科维奇的得分比是5∶23。

好在瓦基弗银行队此后直落三场夺得冠军，朱婷也凭借稳定表现获评赛季最有价值球员，实现了留洋后联赛、杯赛、超级杯、世俱杯、欧冠的"全满贯"。

"变脸式"评论时下太多了。中超、中职篮场上场下莫不如此，"赢球夸成花，输球踩成渣"。不由得让人感叹：客观看比赛，理性对输赢，难！

这是个"人人都有麦克风"的时代，信息来源和发布渠道既多且杂。有些媒体，特别是自媒体，因为信息失准，报道评论难免失之偏颇，但若罔顾事实、肆意揣测，那就有些突破底线了。

其实，竞技体育竞争激烈，运动员状态有起伏再正常不过，观众更是全情投入，难免会有"怒其不争"的瞬间。若是有不成熟、不负责的报道评论，引来"键盘侠"，挑起"口水战"，则既消费运动员，也误导旁观者，既额外增加了球员、队伍的压力，也不利于球迷情绪的正常纾解。

当然，在风云激荡、众声喧哗的舆论环境中，更多的是理智的媒体和球迷，在运动员表现低迷时给予宽容理解，而高歌猛进时则不吝善意提醒，"赢了未必一起狂，输了一定一起扛"，令人钦佩。相比之下，情绪化的表达、非理性的评价、哗众取宠式的论调，只会暴露肤浅，而不会收获点赞。

程聚新. 客观看比赛　理性对输赢［N］. 人民日报，2018-05-02（15）.

事件的背景是这样的：里约奥运会结束后，朱婷签约土耳其瓦基弗银行队，参加土耳其女排超级联赛。2017—2018赛季一度总比分1比2落后的瓦基弗银行在朱婷的带领下，第五战3比0横扫伊萨奇巴希，以总比分3比2最终捧起联赛冠军奖杯。赛后，朱婷荣膺MVP，瓦基弗银行也继土耳其超级杯和土耳其杯后完成本赛季国内赛事三冠伟业。这也意味着，还没到24岁、留洋不满2年的朱婷，就已经继2017年欧冠和世俱杯折桂后，在土耳其的新东家成就了俱乐部赛事大满贯。然而，由于瓦基弗银行队在土耳其女排超级联赛中成绩的起伏波动较大，围绕着朱婷和球队的声音也在不断变化，于是就有了上文的评论。

这篇评论可以说中肯地道出了在新媒体时代球迷看球评球的鲜明特点。当运动员的成绩出色时，溢美之词充斥在各种直播平台的弹幕上，微博里的留言也是饱含温暖与热泪，各种公众号的表扬文更是层出不穷。但是，如果运动员在比赛中的成绩不是十分理想，那么谩骂、攻击也会如海浪般涌来，公众号的文章甚至还会编写出各种运动员的不足，为比赛的失利提供似是而非的"证据"。

新媒体时代，每个人都有看球和评论的权利，但是在这个"人人都有麦克风"的时代，信息来源和发布渠道既多且杂，部分自媒体难免会出现信息失准、评论偏颇的情况，但若罔顾事实、肆意揣测，那就突破底线了。新媒体技术越来越先进，版面越来越好看，内容越来越丰富，速度越来越快捷，但是内容的真实性永远都是体育新闻评论最基础的内容，万不可为了吸引眼球哗众取宠而丢了评论赖以生存的根基。

第五节　新媒体网球评论

　　1885年前后，网球运动传入中国，最初只在少数人中间流行。新中国成立之后，我国网球运动在起点低、基础差、交往少的情况下逐渐发展壮大。到了20世纪80年代，我国网球发展水平逐步提高，在1986年第10届汉城亚运会网球比赛上，我国选手李心意获女子单打冠军；在1990年第11届北京亚运会网球比赛上，我国运动员斩获三块金牌，分别为男子团体冠军、潘兵的男子单打冠军、夏嘉平和孟强华的男子双打冠军，另外还获得三块银牌和一块铜牌。这些成绩表明我国网球运动取得了较大进步，但纵观当时的世界网坛，我国网球水平与其他国家还存在较大差距。从网球世界排名来看，1991年我国男子网球世界排名最高约为300位，女子约为155位。全国关注网球运动和参与网球运动的人数还是比较少的，从事网球评论的专业人员几乎没有，网球评论事业可以说是处在空白边缘。

　　2002年，在釜山亚运会上，中国网球军团全军覆没，而日本、韩国、印度等国却取得了较好的成绩，率先融入世界职业网球发展潮流，其网球运动员水平正在快速提高。面对这一现实，中国网球界提出："中国网球必须与世界接轨，走职业化发展道路。"同时，针对备战雅典奥运会的形势和要求，进一步明确了"以女子为重点，女子双打为突破口"的备战策略。随着2004年李婷和孙甜甜在雅典奥运会女子网球双打项目上获得金牌，我国网球运动才逐渐走进大众视野，网球评论工作也逐步发展起来。这一阶段的网球评论，很少真正对网球的技战术进行评论，往往以重大赛事为依托，对我国网球事业的发展路径进行评论。

2008年奥运会 选孙晋芳当吉祥物[①]

　　中国在雅典奥运会获得的所有金牌中，我想没有哪一枚会像网球女双金牌那样，让所有的人出乎意料，因为这枚金牌从来不在我们的计划当中。在出发去奥运会之前，每个运动管理中心都会和国家体育总局签订一个奖牌协议书，但是网球中心一定不会签这个协议书。

　　但是最后的结局，居然是在中心球场，李婷和孙甜甜高举着五星红旗满场跑，这

---

① 白岩松.2008年奥运会选孙晋芳当吉祥物［EB/OL］.（2004-08-23）［2021-03-04］.https://m.sohu.com/news/221671659.

是一个巨大的奇迹！在这个奇迹的背后，我要开玩笑说：我见过运气好的人，但是没见过孙晋芳运气这么好的人。今年年初，孙晋芳刚刚调离了国家体育总局体彩中心，她来到网球管理中心当主任。她刚调走不久，就发生了西安彩票事件，但此事已经和她无关了。而她刚来到网球中心不久，就取得了中国网球有史以来最大的一个突破。所以，下届奥运会我们就不要找其他吉祥物了吧，让孙晋芳去当吉祥物就可以了。今天的冠军的确是女性制造，网管中心的主任孙晋芳是女性，教练是女性，李婷和孙甜甜是女运动员，我为我们所有的女同胞而感到高兴！

这个胜利非常出乎意料，但是每一个成功的背后必然有一个成功的原因。我觉得最重要的有两点，第一点就是要坚决走出去，彻底改变长期以来，我们只知道训练再训练、然后一切目的就是出去打比赛的培训过程。女子网球是一个特殊的全球商业化概念，中国起步比较晚，所以我们一起步就走了一条相对比较正确的道路。中国女网选手基本上都是以在国外打比赛来代替训练的，为什么在国内她们的名字我们知晓的不多呢？因为她们更多的是出现在国际大赛上。这是思路的一种重要改变，就是坚决走出去，融入所有比赛当中去。今年无论是澳网还是法网，我们都能看到中国女选手的身影。

这种思路的转变，将会对中国今后许多体育项目的训练模式起到一个巨大的促进作用，那就是融入世界当中去。另一个比较成功的例子就是刘翔的110米栏。刘翔基本上国际田径黄金联赛每站都会参加，刚一开始他成绩还不好的时候，要求爷爷告奶奶甚至还要交钱去参加比赛。现在就不一样了，所有的黄金联赛都要提前高薪去请刘翔参加比赛。刘翔长期和自己的对手一起比赛，比赛时的紧张心理就慢慢减少了，也不存在是否适应主客场的问题了。

李婷和孙甜甜她们是同样的一个道理，面对这么重要的奥运会比赛她们一点没有慌，因为她们经历过很多世界大赛，历过过失败，体验过大赛的气氛，适应了国外的生活。李婷和孙甜甜对网球的这种狂热，我觉得是一个特别重要的收获，也是金牌之外的一个收获。

第二点我要说的就是，中国在奥运会上获得的这么多金牌中，网球是真正在全世界都具有影响力的市场化和商业化很强的项目，网球女双的金牌意味着我们在这个领域里有了重大的突破，意义非凡。因为我们的夺金项目更多地集中在全世界商业化、产业化、职业化进行得不太好的项目当中。我们的国球乒乓球、羽毛球是略有好转，但是其他项目比如举重、体操等项目的职业化都开展得不好。像足球、篮球、网球这种项目职业化的普及率非常高，在国外也就更受关注。所以昨天在中国选手获得女子网球冠军的时候，网球已经成为中国的一张巨大的体育名片，全世界几乎所有的通讯

> 社、绝大部分的体育迷都会关注这个冠军。它可能比我们在柔道、射击、举重等领域所获得的金牌，要具有更大的世界推广意义。网球女双金牌给我们未来体育项目职业化带来了一个很重要的启示，所以我觉得这一天没白过，真的应该衷心感谢李婷和孙甜甜。我相信这是一个结束，但更重要的，这是一个开始。网球女双金牌是一段长期摸索的结果，也是正式迈向网球新思路、更快速发展的开始。我觉得未来在中国，网球一定会成为越来越受喜欢、越来越出成绩的一个项目。

这是央视著名主持人白岩松发表的一篇评论，评论的事件是李婷和孙甜甜获得雅典奥运会女子网球双打金牌。文章的标题却是《2008年奥运会 选孙晋芳当吉祥物》，但文中关于李婷和孙甜甜的内容却很少，更多的笔墨放在2008年的北京奥运会以及当时的网球管理中心主任孙晋芳身上。整篇评论没有任何一句战术布局的评论，主要表达的是这枚金牌对于我国网球发展路径的借鉴意义。李婷、孙甜甜的这枚金牌，显示出我国女子网球正在逐步与世界接轨，是我国网球发展史上具有里程碑意义的事件。

同在2004年，张奔斗正式加盟《体坛周报》，持续撰写网球评论文章，并逐步成长为国内公认的最具影响力的网球记者和网球评论员。

张奔斗：五朵金花四大皆空[①]

> 用一种简单的方式来总结中国网球公开赛周二的女子赛事——总共十场比赛中，有五位中国球员出赛；五位中国球员中，有四位遭到了淘汰；那唯一一个未被淘汰的，还是因为比赛因雨中断。
>
> 郑洁与排名第十的波兰少女拉德万斯卡的首轮比赛被安排为周二的压轴戏，这场比赛因雨推迟，而当她们晚上近九点走上赛场后打了没多久，雨就又下了下来。几位赛会官员走上球场和两位球员商讨比赛事宜，拉德万斯卡很快就背起网球包离开了球场，而郑洁则恋恋不舍，脸上的表情分明写着她不甘心比赛就此中断——这是可以理解的，比赛中断时，郑洁首盘以局分3比0领先，当然希望乘胜追击。
>
> 郑洁为中国球员在单打项目上保留了最后一份晋级的希望，在她之前，李娜、晏紫、彭帅和小将张帅都已在白天的比赛中先后出局。世界排名第29位的李娜以1比6和6比7的成绩输给了现世界排名第23位的施齐亚沃尼，这样的对阵出现在首轮，

---

① 张奔斗.张奔斗：五朵金花四大皆空[EB/OL].(2008-09-24)[2021-03-04].http://sports.sina.com.cn/t/2008-09-24/11433970053.shtml.

确实说明了中网女单阵容的强盛。而李娜失利后的话也印证了这一点："她最高排名排到过世界第11位，我还从未排过那么高呢！虽然是首轮被淘汰，但对手并不是'菜瓜'，我去年和她打过一次，知道她各方面都没什么弱点。"

输掉比赛后的李娜心态轻松，在与记者的问答中提供了不少"笑点"。说到不久前为什么人去了巴厘岛却没有参赛，李娜回答道："本来长途飞行就很疲劳，结果赛事还给球员搞走秀，我那高跟鞋实在太高，脚肿得都不行了，WTA的医生建议我别打了。"对于有记者猜测她的膝盖和大腿伤病是否已经完全康复，李娜笑答："是膝盖受过伤，我的大腿强壮着呢，伤不了！"

这场比赛李娜原本有希望拿下，第一盘第六局经过了14次平分争夺，李娜最终未能抓住；第二盘比赛中李娜也曾拿到过盘点，但还是错过了机会。李娜赛后解释说："我还是太急了，总想一板得分，所以造成失误数量比较高。"本场比赛李娜的失误数量是对手的一倍，当然，她的直接得分也几乎是对手的一倍。接下来，李娜还将参加斯图加特、莫斯科、苏黎世和卢森堡等欧洲站赛事，至于为什么还要打卢森堡这样的三级赛事，那是因为李娜这样层次的球员每年至少还是要打三项低级别赛事。

"面对机会不够冷静，太想一拍打死却造成自己失误"，是晏紫在3比6和4比6输给日本老将杉山爱之后的话，简直和李娜赛后的话异口同声。本赛季单打战绩不尽如人意的晏紫坦承，下半年单打练得不多，造成自己目前信心不足，即便比赛中出现了机会也不能牢牢抓住。在告别了北京奥运会之后，晏紫还是希望自己能够在单打项目上有所突破："我还年轻，单打还打得动，明年希望能多打单打，从小一些的比赛打起，提升排名和自信。"

世界排名刚刚重返前四十位的彭帅，原本可以止住中国球员连折两阵的开局，毕竟她的俄罗斯对手库瑞夫采娃的职业最高排名也仅仅只排在第59位。不过，这位看似并非强手的对手，今年就曾在温网第三轮中淘汰过彭帅；当时，那场比赛进行了三盘，而彭帅此次在北京再度败阵后表示，对手的发挥更胜过在伦敦时的表现。也许，这就是本场比赛只进行了两盘的原因？事实上，彭帅首盘曾经拿到过盘点，但刚刚在广州站获得亚军的她赛后表示，她的身体感觉有些疲劳，以至于出现机会也未能把握住。

和三位国家队主将的失利相比，倒是小将张帅的表现令人眼前一亮。她是从资格赛中杀出的唯一中国小将，这本身就已再次确认了她的能力；而世界排名第224位的她在面对小她一岁而排名却高出两百多位的法国小将科内特时，尽管首盘1比6很快告负，但她不仅在第二盘6比3扳回，而且决胜盘一路战至抢七局。最终，张帅在抢七局中输在了小分7比9，遗憾地未能爆冷取胜。

2008年奥运会之后，网球管理中心决定对运动员施行"金花单飞"政策。2008年12月，国内当时最顶尖的女子网球运动员李娜、郑洁、彭帅和晏紫成为中国第一批单飞运动员，她们脱离了传统的行政管理模式，可以自由规划职业生涯、自由制定时间表、自由选择教练和团队，前提是需要将一年的赛事安排按周期上报，并将8%—10%的奖金收益上交给中国网球协会。在2008年9月的中国网球公开赛上，网球评论员张奔斗已经对这几位单飞的运动员来了一次"大汇总"，而金花单飞，也揭开了中国网球的新纪元。

2011赛季法国网球公开赛在北京时间6月4日进行了女单决赛的争夺，中国金花李娜直落两盘以6比4、7比6（0）的成绩击败赛会卫冕冠军、意大利老将斯齐亚沃尼，获得亚洲选手首个大满贯赛事单打冠军。李娜获得法网冠军揭开了中国网球史上最光彩的一页，网球从此走进了中国公众的视野和日常生活。

近年来，网球运动在我国的发展越来越快，李娜两夺大满贯，对于我国网球事业的发展起到了重要的推动作用，网球体育的发展也促进了网球评论的进步。随着传播技术的不断革新，越来越多的受众参与到网球评论事业之中，网球评论走上了快速发展的道路。

> **女王娜正式登基！中国网球从此攻克最高殿堂**[①]
>
> 2011年法国网球公开赛刚刚结束了女单决赛的争夺，中国选手李娜两盘完胜卫冕冠军斯齐亚沃尼，成为亚洲首位大满贯单打冠军，创造了中国网球的新历史。曾几何时大满贯赛场仅是欧美人的竞技场，中国球员甚至难求一胜。而在李娜、郑洁、晏紫、孙甜甜、李婷这黄金一代球员的率领下，她们已经攻占了大满贯冠亚军领奖台，并且仍在创造着历史。随着女王娜的正式登基，中网网球已经攻克了世界网坛的最高殿堂！
>
> 从20世纪90年代初开始，中国球员开始了在大满贯赛场上的争夺。1973年出生的李芳在19岁时初登大满贯舞台，首次亮相墨尔本就一举进入了第三轮，这一成绩直到12年后才被郑洁刷新。在1998年她的单打世界排名曾经来到过第36位。和同时代的易景茜、陈莉一起，中国网球迎来了第一个黄金时期。然而随着老将们的离去，中国女网在2002年的釜山亚运会（李娜未参加）上遭遇重创，也开始让网球中心开始培育新一代接班人。而正是多亏了这次兵败，以及着眼2004年奥运的考虑，

[①] 小酒.女王娜正式登基！中国网球从此攻克最高殿堂［EB/OL］.（2011-06-04）［2021-03-04］. https://sports.qq.com/a/20110604/00525.htm.

才让网球中心重新召回了李娜，同时重点打造李婷/孙甜甜、郑洁/晏紫两对双打，为今天的辉煌奠定了基础，"金花"成为中国女网的专有名号（理论上来说彭帅应该算是比郑洁、李婷晚一代）。

在这其中必须要提到女双在女网发展史中的历史地位，2000年正是李婷、李娜为中国取得了WTA级别赛事的首个冠军；2004年孙甜甜、李婷在雅典奥运会的问鼎，让国人对于网球产生了重新的认识；而2006年郑洁、晏紫连续拿下澳网温网，也是中国人首次站在了大满贯的最高领奖台上。正是有了双打赛场的步步高升，使体育总局和网球中心更加放心地让球员们单飞，成为女网取得突破的助推器。

其实几朵金花征战大满贯的开端并不如一众天才少女一般平顺，郑洁虽然在2004年法网进入16强，刷新了李芳的纪录，但是前八次参赛有六次都是首轮出局。而李娜在2005年澳网首次现身时已经23岁，这个年纪的大小威、莎拉波娃、辛吉斯早就手握多个大满贯了。不过此后的胜利却来得颇为迅猛，2006年李娜打入到温网八强创历史，2008年郑洁打入温网四强创历史，2010年两人同时进入澳网四强创历史，2011年李娜打入澳网法网决赛创历史，这一群勤勉的姑娘们似乎就是为了"创历史"而生的！

而在李娜、郑洁身后，彭帅即将在法网过后首次进入世界前20，曾经身为天才少女的她已经破茧成蝶，有望接过老一辈金花的接力棒。虽然中间的89、90后球员似有断档，但是之后的青奥会冠军郑赛赛、青少年澳网四强得主唐好辰已经崭露头将，中国金花、小花、小小花们在大满贯的前进脚伐不会停止！

两度夺冠后，李娜成为中国网坛当之无愧的偶像，她的一言一行都成为评论员关注的对象。这篇评论从李娜夺冠的角度，梳理了中国女子网球的发展历史，从"女王"二字可以看出评论者对李娜的推崇，也体现出这一时期网球评论的个性特色和感情色彩。从白岩松的《2008年奥运会 选孙晋芳当吉祥物》，到这篇《女王娜正式登基！中国网球从此攻克最高殿堂》，可以清楚看到，我国网球评论已经发生了巨大的变化，体现出个性鲜明、感情充沛、引人注目的特点，也显示着网球这项精英运动逐步走向大众。

澳网可以说是中国女子网球运动员的荣耀之地，不仅李娜在这里捧起过女单大满贯，而且女双、混双、青少年组女双也都在这里捧起过大满贯奖杯。2018年澳网正赛3日，彭帅、张帅等6朵金花已在女单项目尽数出局。伴随着这一令人失望的消息，另一则"深圳将举办2019年到2028年WTA年终总决赛"的消息在网络媒体上引起了国人极大的热情。对于这一事件，张奔斗在其供稿的"好动网球"微信公众号上发表了这样一篇评论。

WTA总决赛长驻深圳10年，深圳要投入多少钱？①

10亿。说的是美元。

这是WTA主席兼首席执行官史蒂夫·西蒙在周四接受《纽约时报》采访时透露的消息，"如果你考虑到赛事在奖金上的投入以及向WTA交纳的承办费用，再加上场馆建设以及配套项目建设等因素，这是对WTA总决赛以及WTA总计超过10亿美元的投入。"

根据来自WTA的消息，为举办WTA总决赛，深圳将在市中心区域新建一座体育馆，其中包括一座可容纳1万2千人的全新室内球馆，其造价大约为4亿5千万美元。奖金的上涨更将是历史性的，从目前7百万美元的总奖金，直接翻倍至1千4百万美元。

史蒂夫·西蒙周四也在澳网的主新闻发布厅召开了新闻发布会，回答了到场记者们的问题。他向媒体确认，深圳是WTA在过去45年来最大和最有意义的重磅合约，将把这项赛事推向新的高度。不过，他不便透露深圳向WTA支付的赛事承办费用，但承认在目前与新加坡五年合约的基础上有显著涨幅——为承办WTA总决赛，新加坡每年向WTA支付的费用大约为1400万美元。

凭借雄厚的资金实力，深圳在与新加坡、圣彼得堡以及曼彻斯特等城市的竞争中胜出，这并不令人吃惊。但比较少见的是，这是一份从2019到2028年的十年长约。对此西蒙先生表示："10年的确是一段很长的时间，但对于那些想要真正取得成功的赛事，对于那些为赛事投入的人们来说，的确需要时间的积累。与此同时，也能够让WTA有机会做出长远的战略计划。"他还以ATP总决赛为例，已长驻伦敦10年的这项赛事，取得了长足的发展和巨大成功。

深圳恰好是举办WTA总决赛的第10座城市，从20世纪的洛杉矶和纽约等美国城市，到21世纪初的欧洲名城慕尼黑与马德里，再到从2008年开始的多哈、伊斯坦布尔、新加坡以及如今的中国深圳，网球市场新热土的迁移路线已十分明显，也完全符合WTA的亚洲发展战略，中国更是亚洲战略中的重点。

新闻发布会上，西蒙面对了一些敏感话题。在中国，新建巨型体育场馆并非难事，但要找到足够的球迷填满赛场，则并不那么容易，尤其是那些工作日的比赛。有

---

① 张奔斗.WTA总决赛长驻深圳10年，深圳要投入多少钱？［EB/OL］.（2018-01-19）［2021-03-04］.https：//www.sohu.com/a/217597407_482833.

> 欧洲记者逼问，深圳的赛事如何解决上座率问题。西蒙表示，去年中国赛季的武汉和天津等赛事在上座数上都取得了进步，年初的 WTA 深圳站也迎来了数量不少的球迷；落户拥有 2 千万人口的深圳以及人口数量众多的珠江三角洲地带，加上赛场位于市中心的优势，他对于票房前景表示乐观。
>
> 《纽约时报》的撰稿人则提出去年采访武汉公开赛但签证被拒的经历，西蒙也表示，届时会和中国当地相关管理机构通力合作，确保 WTA 深圳总决赛媒体报道工作的顺利开展。
>
> WTA 前任当家人阿拉斯特女士曾经透露，和新加坡的五年合约的收入，大约占到 WTA 利润的 35% 至 40%。很显然，随着 WTA 与深圳签下 10 年巨额合约，中国已成为 WTA 越来越依赖的热土，总决赛也是 WTA 能够为中国带来的顶级赛事和顶级机遇。

一方面，有评论说从大满贯成绩来看，中国网球掉回到了十几年前，男子网球世界排名到目前为止仍然没有进前 100 的突破，但是另一方面，中国承办的 WTA 和 ATP 等重大赛事却越来越多，赛事的投入也越来越多。

这篇评论发表在微信公众号上，通过微信平台的传播，在广大网民中引起了热烈讨论。张奔斗在最后一句写到，"随着 WTA 与深圳签下 10 年巨额合约，中国已成为 WTA 越来越依赖的热土，总决赛也是 WTA 能够为中国带来的顶级赛事和顶级机遇"。然而，有网民认为，从商业运营的角度来看，承担和开发大型赛事会有一定的积极作用，但是如何利用这样顶级的赛事和机遇给整个中国的职业网球带来新的契机，仍然值得思考。

通过微信、微博、短视频等自媒体的传播平台，越来越多的网民开始关注网球评论，与评论员的互动也逐渐增多，提出的观点和思考也越来越深刻。网络新媒体的不断发展让广大网民可以更好地加入网球评论的队伍之中，随着参与网球运动的人数不断增长，网球评论正在进一步走向繁盛。

本章思考与练习

1. 新媒体时代的足球评论有什么特点？
2. 新媒体时代的篮球评论有什么特点？
3. 新媒体时代的排球评论有什么特点？
4. 新媒体时代的网球评论有什么特点？
5. 相关素材：

（1）新媒体足球评论

北京时间 2021 年 3 月 19 日，2020—2021 赛季欧冠八强抽签仪式结束，上赛季决赛两强拜仁慕尼黑与巴黎圣日耳曼再度狭路相逢，你是否看好大巴黎成功复仇？请发表你对本场比赛的看法。

（2）新媒体篮球评论

2021 年 3 月，周琦、郭艾伦受邀参加了综艺节目《吐槽大会》的录制。在节目当中，有关男篮世界杯的兵败经历再度被提起，且引发了巨大的社会反响。关于这一期节目，网络上的声音主要分成两派。一派认为，《吐槽大会》不过是综艺节目，一切都是为了娱乐而已，不需要过分较真。但另一派则认为，郭艾伦与周琦二人在节目上重揭中国男篮旧伤疤的行为实在不妥。对此你怎么看？

（3）新媒体排球评论

2021 年 1 月，由国际排联组织的"十年百大球星"评选落下帷幕。排名世界第一的中国女排只有朱婷和丁霞两人入选，与日本队持平，而塞尔维亚、意大利、美国、巴西等强队，入选人数都比中国队多。你认为中国还有哪些球员有资格入选，请发表你的看法。

（4）新媒体网球评论

2021 年 3 月，继费德勒和纳达尔之后，德约科维奇也退出了即将举办的迈阿密大师赛。由于印第安维尔斯大师赛暂停举办，迈阿密成为今年首个大师系列赛，却没想到不但没能打响头彩，反而成为史上阵容最惨的一届赛事——这是 2004 年巴黎大师赛之后第一次三巨头都没有参加的大师赛。你觉得是哪些因素导致了迈阿密大师赛的惨淡？

第十章　新媒体体育新闻评论的传播渠道

本章学习要点

- 大型综合性门户网站
- 专业体育网站和网络社区
- 微博和微信公众号
- 弹幕和抖音短视频

内容提要

新媒体体育新闻评论的传播渠道至关重要，我们将传播渠道分为四种，分别是大型综合性门户网站、专业体育网站和网络社区、微博和微信公众号、弹幕。随着新媒体技术的发展，新媒体体育评论的传播渠道会越来越丰富。

1948 年，拉斯韦尔在《社会传播的结构与功能》一书中提出了著名的"5W"理论，时至今日，该理论仍然是传播学研究的重要理论来源。"5W"理论将传播渠道纳入其中，研究新媒体体育新闻评论时，传播渠道仍然是重要一环。

新媒体体育新闻评论，顾名思义就是发表在新媒体上的体育新闻评论，这个解释清晰地指出了它的传播渠道——新媒体。本书第三章已对新媒体概念进行过专门阐述，此处不再赘述，而对于适合发表体育新闻评论的新媒体渠道，我们大致将其分为：大型门户网站、专业体育网站和网络社区、微博和微信公众号、弹幕及抖音短视频。

第一节　大型综合性门户网站

门户网站，是指通向某类综合性互联网信息资源并提供有关信息服务的应用系统。目前全球最为著名的门户网站是谷歌和雅虎，而国内则有四大门户网站之说，分别是腾讯、搜狐、网易、新浪，此外，比较有名的还有凤凰网。在 Alexa 网站公布的最新门户网站排名中，腾讯网、搜狐和新浪分列国内前三位，腾讯网更是排在全球第九位。

一、门户网站中的体育新闻评论

目前大型综合性门户网站中都设有体育频道，而体育新闻评论往往是体育频道中最吸睛的板块。比如网易的《NBA 数研所》栏目，该栏目最大的特色就是将数据新闻和评论相结合，使评论更加客观合理；凤凰网则在体育板块设有《独家评论》栏目，其标语是"有品有料，独家解读体坛大事记；有趣有劲，深度探寻体坛大人物"；腾讯网是 NBA 在中国的独家数字媒体官方合作伙伴，以 NBA 比赛直播为主、其他体育赛事直播为辅，建立了一个庞大的网络体育社区，社区里面有各式各样的新闻评论；搜狐则针对 NBA 开设了《最篮点》评论栏目；新浪网开有体育新闻评论专栏、热点博客和原创专栏，其最大的优势在于新浪微博背后庞大的用户基数。

值得注意的是，在以上五大门户网站中，除了凤凰网的体育页面有醒目的《独家评论》专栏外，其余四个网站的评论仍混杂在各种体育项目新闻中。虽然体育新闻评论非常重要，但是随着生活节奏的加快，人们缺乏阅读长篇深度文字的耐心，体育新闻评论正在被图片和视频取代，有深度的评论逐步被转移到客户端或者其他社交平台了。

凤凰网作为还在坚守做体育新闻评论的门户网站，其独家体育新闻评论的特点是与政治内容结合较为紧密，选题往往涉及整个体育圈的热门事件。比如 2018 年平昌冬奥会，韩国和朝鲜两国运动员共举代表和平统一的"朝鲜半岛旗"进入开幕式现场，针对这一新闻事件，体育新闻评论员张宾发表了《独家评论：朝韩联合入场，又一次彰显了体育的力量》的评论：

> **独家评论：朝韩联合入场，又一次彰显了体育的力量**[①]
>
> 体育从来无法与政治割裂开来。它存在于政治的羽翼下，有时候则会化身成政治的使者。它具有动人心魄的力量，曾经让战火熄灭，曾经让政治上的敌人携手同行。
>
> 平昌冬奥会开幕式，我们又一次见证了体育的力量。当熟悉的朝鲜民歌《阿里郎》响起，朝韩两国运动员共举代表和平统一的"朝鲜半岛旗"入场。这一刻，在平昌的冰天雪地之中，有一股暖流在涌动。
>
> 这是令人震惊的开幕式，将科技与时尚完美融合。多首流行歌曲，以及安贞焕、金妍儿等韩国体坛名宿，唤起了我们对逝去青春的回忆。一切都完美无瑕。

---

① 张宾：独家评论：朝韩联合入场，又一次彰显了体育的力量［EB/OL］.（2018-02-10）［2021-03-04］. http://sports.ifeng.com/a/20180210/55937823_0.shtml.

可让平昌冬奥会开幕式载入史册的仍将是朝韩两国在时隔11年之后的再度携手。当朝鲜女子冰球选手黄忠金和韩国男子雪车选手元润钟共同举着旗帜入场时，历史已经写就。

用不了多久，我们就会忘记这两个选手的名字。正如我已经不记得将火炬送到金妍儿手中的朝韩运动员一样。在这样的历史时刻，个体融化于集体之中。他们的名字并不重要，历史会记住他们只有一个身份，那就朝韩运动员。

在这一次携手之前，朝韩曾经有过多次联合入场的历史。这一次却被赋予了新的意义。毕竟，它距离双方上一次携手已经过去了11年。

朝韩的历史早已为公众熟知。血浓于水，即便现在这是两个国家，但同样的血脉让他们这个民族无法割裂。悉尼奥运会的时候，两国第一次携手出现在国际大赛的开幕式中，举世哗然，也唤醒了朝韩两国人民的民族情感。

这一次的携手却突如其来。即便在时钟走进2018年的那一刻，也没有多少人奢望朝韩能够联合登场。考虑到朝鲜半岛这几年紧张的局势，即便是纵横捭阖的政治家也难以预料到这一幕能够成真。

体育往往被描述成和平时期的战争。可它真正触达人心的却是超越政治的力量。当朝鲜方面抛出了橄榄枝，韩国马上回应，以最快的速度达成共识，促使朝鲜参赛，并决定在开幕式时共同入场。双方还将在女子冰球队联合组队。

从体育规则上，国际奥委会为朝鲜运动员开了绿灯。在这种时刻，没有人会去吹毛求疵，指责国际奥委会践踏规则。所有人都在为这一刻欢呼。开幕式上，当国际奥委会主席巴赫提到朝韩联合入场所具有的历史意义时，现场爆发出雷鸣般的掌声。

体育从来都具有振奋人心的力量。即便兴奋剂让体育一次又一次蒙羞，但这不是体育的错，更不会改变它内心所蕴含的力量。

在国际舞台上，体育早就是政治外交的绝佳手段。20世纪70年代，正是借助乒乓外交，中美关系才迎来了破冰之旅。这一次，朝韩的体育外交，未必会马上扭转朝鲜半岛局势。但至少缓和了双方剑拔弩张的气氛，唤醒了两国的民族情感，为未来双方关系的发展奠定了一个良好基础。

这个夜晚，无论你是不是一个体育迷，都会被体育所散发出的力量所感染。它所散发的光辉不会在时光里走向暗淡。

全文针对朝韩联合入场这一热点事件，从体育精神和国际关系角度出发，对新闻事件进行了深刻剖析，其语言精妙、立意高远，并在网站上及时发出，是一篇上乘佳作。

二、数据新闻中的体育新闻评论

当今"读图时代",数据新闻迎来了最好的发展时机。网易体育将数据新闻融入体育新闻评论中,通过数据可视化让体育新闻评论摆脱了长篇大论的传统,不仅增强了评论的可读性,评论的观点也随着大量数据的展现变得更加合理。比如在NBA联盟最强的控球后卫克里斯·保罗加盟火箭后,因为有詹姆斯·哈登的存在,保罗必然有所牺牲。网易体育在《NBA数研所》第173期,发表了名为《在火箭,他放弃了自己最强的进攻武器,却释放哈登火力,带来不败光环》的评论,其中便应用了数据可视化的方式。

在火箭,他放弃了自己最强的进攻武器,却释放哈登火力,带来不败光环①(节选)

四分之一个赛季过去,在MVP的竞争中哈登一骑绝尘:球队战绩和个人数据全都无懈可击。火箭也变成了西部最可能和勇士一掰手腕的劲旅。

原因很简单:保罗。

目前保罗出场的比赛,火箭全胜。虽然也才8场比赛,但对哈登来说,保罗到来的最重要意义在于:既可以让他得到足够的喘息时间,又可以让他切换模式,全力进攻。虽然哈登加盟火箭以来,一直都是多核并起,但组织能力如此之强的后场巨星还是头一回搭档——本来么,全联盟也没有几个。保罗几乎是无缝接入了火箭的战术中,他是怎么做到的呢?

优先适应哈登。

在这仅有的8场比赛里,保罗和哈登同时在场148分57秒,平均每场也就18.6分钟——保罗现在每场出场28.8分钟,有差不多10分钟是在带领第二阵容。也就是这10分钟,保罗打出了每百回合净胜38.2分的超高效率。这段时间他身边通常是前队友阿里扎和吃饼型中锋卡佩拉,这正是保罗大显身手的最给力队友。更加可怕的是,保罗的助攻极为均衡:他的9.9次助攻里,给7个人场均的助攻都超过了0.9次。安德森最多,每场2.5次。

但最大的传球目标,依然还是哈登。在这18.6分钟里,保罗每场给哈登传球13次,占到了他所有传球的25.9%,但场均只送给哈登1次助攻。众所周知,哈登是全联盟顶级单打手,每场单打8.1次(第二的勒布朗是5.8次),接球跳投却只有2.2次。

---

① 里多.在火箭,他放弃了自己最强的进攻武器,却释放哈登火力,带来不败光环[EB/OL].(2017-12-07)[2021-03-04].https://www.163.com/sports/article/D51LEIU80005877U.html.

也就是说，保罗和哈登同时在场时，更多作为中转过渡，让哈登得到更舒服的单打机会。其他时候再考虑统筹全局，给其他人做机会。

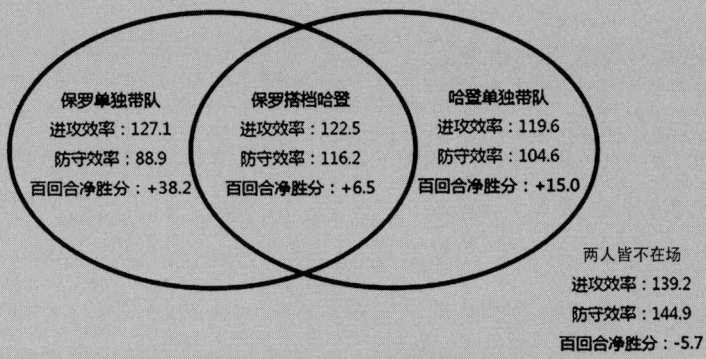

图 10-1 哈登和保罗分别单独带队球队得分率

不过说来，虽然样本只有 8 场，目前来看哈登和保罗分别单独带队时火箭占据明显优势。两人同时在场，火箭的场面优势并没有单独带队时那么明显，这正是因为双核仍然在彼此熟悉，让出一定球权给对方更适应的空间，而在这方面，明显保罗做出的牺牲更多一些。

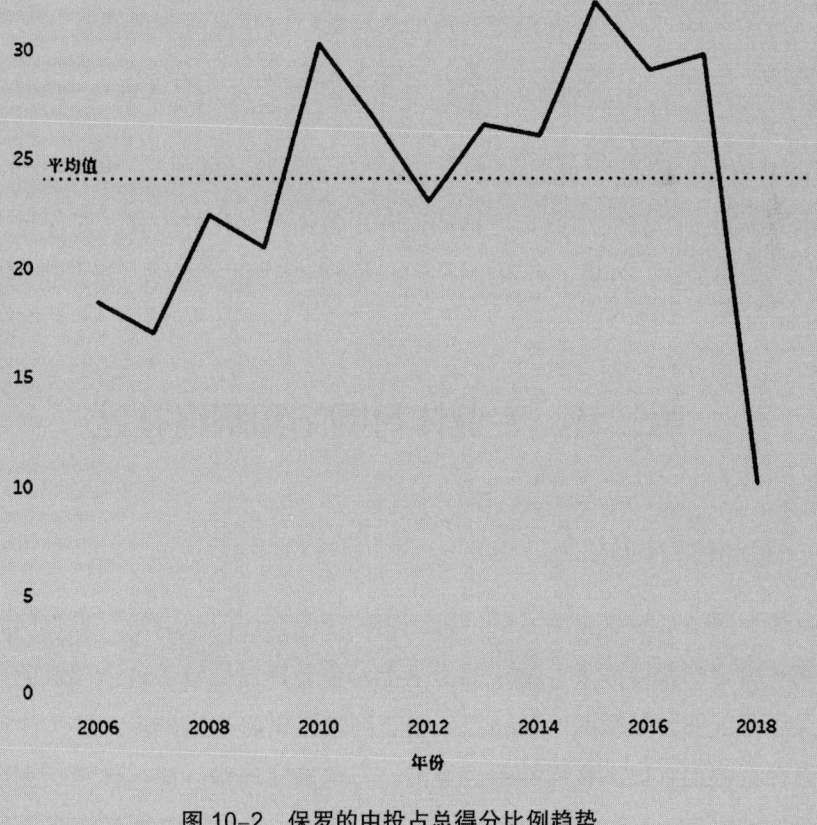

图 10-2 保罗的中投占总得分比例趋势

如今，保罗放弃了大量的进攻欲望，他最主要的得分手段中投，在去年占到了所有出手的 29.7%，今年却只有 10.1%，下降到几乎三分之一。从前保罗运球突然杀到罚球线急停跳投这赛季越来越少，反而更多是突破给三分手送出舒服的传球，或是向天上一抛，让卡佩拉直接高空轰炸。

但另一方面，在保罗本赛季的所有攻击手段中，利用挡拆制造的得分，依然在全联盟名列前茅，每次进攻可以得到 0.933 分，这招保罗的必杀技，占到他所有出手的 44.6%。但 18 次持球单打保罗只能拿到 13 分；14 次转换机会更是只有 8 分入账，这两点都远远低于联盟平均水平。反而是接球跳投位居联盟顶尖：10 次进攻拿下 20 分。或许说明了保罗因为年龄和不适应必须要经历此时的阵痛期，也从好的方面来看，现在还远远不是完全体的灯泡组合，两个人之间的默契仍然有非常大的提升空间。

眼下，保罗的场均失误来到生涯新低的 1.8 次，球权占有率也只有 19.7% 的生涯最低值。32 岁的保罗不只在口头上将 28 岁的哈登视为头牌球星，也在行动上全力支持他，这对于火箭来说，是再好不过的信号了。

对火箭双核，乃至主帅丹东尼，都是至关重要、力图翻身的一年。连续与 MVP 失之交臂，季后赛疲软？摸不到的西决地板？进攻球队永远走不到最后？都不是打不碎的魔咒，更大程度上是被看低和嘲讽的心理负担。但当所有的事情尽可能磨合到最好，那些求不得的，也许就自然而然，水到渠成了。

对于资深体育迷而言，越是专业、深刻的评论才越"解渴"。要做到专业，充分使用技战术数据是一个重要手段。这篇评论利用数据可视化的方式，对保罗在火箭队的表现进行系统而精确的分析，有效论证了自身观点，为读者提供了极具价值的参考。

第二节　专业体育网站和网络社区

一、专业体育网站

专业体育网站是垂直类网站的一种，相较于综合性门户网站，垂直网站的注意力集中在某些特定的领域或某种特定的需求上，主要是提供有关这个领域的全部深度信息和相关服务。作为互联网的新亮点，垂直网站正引起越来越多人的关注。

在体育行业也有很多这样的垂直类网站，比如懂球帝、虎扑体育、创冰科技、足球魔方、同道伟业、NBA 中文网，等等。这些网站有的关注所有体育项目，有的单独选择一个项目甚至聚焦某一国家的联赛进行报道。比如虎扑体育的内容就包含了各式各样的体育项目，而懂球帝就只专注足球，NBA 中文网只专注 NBA 这一个联赛。

懂球帝作为最受欢迎的足球类网站，几乎囊括了足球领域所有的新闻，体育新闻评论在其中也占据了较大篇幅，吸引了很多用户的关注。懂球帝开设了一个名为"懂球号"的功能，任何单位、组织或个人都可以参与注册。"懂球号"中有一个分类叫"资深专栏"，在这里有各式各样的体育新闻评论，"刘强专栏"就是其中最热门的专栏之一。他的评论有着非常鲜明的风格，即根据已有的信息和数据，深刻剖析球场内外每一次重要变化，并结合自己丰富的知识储备对未来赛事进行预测。例如下面这篇评论：

皇马 vs 巴黎：底牌全出，套路尽显，皇马的胜利来之不易①（节选）

C 罗梅开二度，阿森西奥替补建功，齐达内在生死战中将所有底牌全部打出，皇家马德里在主场完成了一次近期战术试验成果的集中展示。此役，菱形 442 时隔一个月后再度合体出征，皇马在部分进攻细节上做出了一些有益的改变，伊斯科、贝尔、阿森西奥和巴斯克斯用"接力跑"的方式，部分解决了困扰球队多时的跑动总量不足、边路锐度缺失以及中场攻击性欠佳等难题。卫冕冠军在中盘僵持阶段表现出了更好的耐心和更强的争胜欲望，他们的表现的确配得上一场胜利。

【基调：伊斯科引领压迫，齐达内回避"右路难题"】

伊斯科和洛塞尔索进入首发阵容，这意味着齐达内和埃梅里在争夺中场控制权方面达成了共识。卡瓦哈尔的缺阵让主队失去了先手，伊斯科的出场为比赛增加了很多的不确定性，齐达内用一种令人稍感意外的方式解决了赛前被舆论热炒的贝尔和巴斯克斯的首发之争。

【蓝本 1：菱形 442 主动出击，双前锋冲击身后】

双方在开场后的节奏出现了一定的错位，巴黎按部就班地层层推进、展开阵型，皇马则在伯纳乌 8 万名球迷的呐喊声中向对手展开了疯狂的压迫。伊斯科和莫德里奇一度前压到了对手的禁区内参与抢球，C 罗和马塞洛也多次离开自己的位置协助队友夹击对手，更早进入比赛状态的皇马连续依靠断球形成围攻，C 罗和克罗斯在禁区左侧完成的射门都颇具威胁。

【插曲：BBC 为何没有合体？】

使用四名技术型球员驱动压迫，依靠进攻型中场扮演边锋冲击肋部，皇马的进攻

---

① 懂球帝. 皇马 vs 巴黎：底牌全出，套路尽显，皇马的胜利来之不易［EB/OL］.（2018-02-15）［2021-03-04］. http://www.dongqiudi.com/archive/539473.html.

虽然打得非常热闹但却没能形成比分领先的局面，就像两个月前的首回合国家德比一样，他们在预支体能之后必须要承受对手在下半场初段的凶猛反扑。尽管也曾依靠反击在禁区前沿创造出了绝佳的任意球机会，但皇马在下半场初段的被动还是显而易见的。C罗和伊斯科积极回撤防守固然保证了禁区的安全，但也让皇马的阵线在内马尔&阿尔维斯双核驱动的两翼攻势挤压下愈发扁平，若非拉莫斯舍身堵枪眼，拉比奥很有可能在第54分钟再进一球。在这一时段内，伊斯科和莫德里奇等人在后场断球后很难找到出球点，球队的阵型在由守转攻阶段难以向前弹开。

【蓝本2：平行442完成边路反制，阿森西奥延续火热状态】

第76分钟，内马尔左路分球，贝尔奇切跟上送出斜塞球到门前，阿尔维斯后点跟上铲射没能碰到皮球，错失绝杀机会的客队很快遭受到了沉重打击。三分钟后，齐达内打出了决定比赛最终走势的后手牌，皇马的阵型在阿森西奥和巴斯克斯出场后变为平行442，双前锋C罗和贝尔之间的横向距离很大，经验丰富的卫冕冠军瞬间就将球队的重心由中路调整到了边路。

【结语】

同样是采取以攻代守的策略，同样由C罗和阿森西奥先后建功，此役的走势与上赛季欧冠1/4决赛皇马做客安联的比赛过程高度相似，白衣战士再次在不被看好的情况下依靠超强的韧劲和执行力为球迷们制造了惊喜，皇马上下应该对3∶1的结果感到满意。当然，这个比分足以令输球的一方背上沉重的心理包袱，但却无法让取胜的一方高枕无忧。通过首回合较量，齐达内已经对巴黎圣日耳曼的实力有了较为准确的评估，如何平衡攻守态势将是他在次回合赛前部署时的主要工作。考虑到皇马在其任内更加擅长前往客场进行强强对话，球迷们应该对双方的次回合较量有着更多的期待。

这篇评论在懂球帝上获得了招过60万的阅读量，1761条评论，更有289人将其分享到朋友圈、微信、QQ空间、新浪微博等其他社交媒体，传播效果上佳。

二、网络社区

以前，人们把论坛说成社区，今天人们仍然习惯将一个论坛称为某某社区。但实际上，论坛只是构成社区的一部分，是社区中的公共活动和议论的场所，网络社区其实是包括了BBS/论坛、贴吧、公告栏、个人知识发布、群组讨论、个人空间、无线增值服务等多种形式在内的网上交流空间。

四通利方的体育沙龙是中国最早的一批体育网络论坛之一，日访问量一般不超过一万次，而被誉为"中国第一足球博文"的《大连金州不相信眼泪》发出短短48小时后，点击量就达到数万，获得无数网友留言，此事让中国人民第一次感到论坛的影响力。

现在常用的网络社区有虎扑体育网站的虎扑社区、百度贴吧中与体育相关的贴吧、天涯社区中的体育聚焦板块、腾讯体育的 NBA 社区。随着互联网技术的发展和人们对网络社区认识的加强，网络社区的建设越来越规范和完善。网络社区的交流以跟帖形式为主，每个人都是评论的主体，也会成为被评论的对象，这让用户的交流与互动更为便捷与频繁，促进了新媒体体育新闻评论的成长与发展。

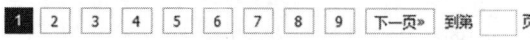

图 10-3　虎扑体育中国篮球话题区

第三节　微信公众号和微博

2018 年伊始，猎豹智库发布了比较权威的 2017 年度中国 App 报告，其中，在社交 App 排行榜中可以看到，微信和新浪微博分别排在第一和第三，它们都拥有数以亿计的用户，这些庞大的用户为腾讯网和新浪网带来了巨大的经济效益，反过来也促进了两大门户网站在各大领域的发展，新闻行业便在其中。

排名	应用名	周活跃渗透率	周人均打开次数
1	微信	82.0370%	385.6
2	QQ	36.4852%	203.0
3	新浪微博	5.9110%	105.0
4	QQ空间	1.1494%	41.8
5	百度贴吧	0.6072%	109.8
6	探探	0.5547%	103.2
7	QQ轻聊版	0.3739%	58.3
8	派派	0.3697%	605.7
9	同桌游戏	0.3078%	79.0
10	知乎	0.3071%	23.9

猎豹大数据-2017年度社交类app排行榜

图 10-4 猎豹智库发布的 2017 年度中国社交类 App 排行榜

一、微信公众号与体育新闻评论

微信公众号是微信的特色功能，任何单位、组织与个人都可以注册和经营自己的公众号，这其中就包括了很多知名的体育新闻组织和专业评论员。基于微信庞大的用户数量，许多评论员会将自己的观点"独家"发表在微信公众号上，增加体育新闻评论的受众面和影响力。他们还会在各种公共场合或者个人社交媒体上推荐自己的公众号，以获取更多的关注人数、阅读量和互动量。

《篮球先锋报》总编辑苏群就开设了自己的微信公众号《苏群》，目前已经发表了 870 多篇篮球评论，几乎每一篇评论文章都有超 10 万的阅读量。苏群的文章观点清晰、数据可靠、专业性强，吸引粉丝们纷纷留言评论，许多粉丝的留言也能获得上千的点赞数。苏群还经常在留言区与粉丝们互动对话，这个公众号已经成为专业评论与民间评论的交流场所。

2018 年 2 月 25 日，金州勇士队坐镇主场迎来了俄克拉荷马雷霆队的挑战。在比赛中，勇士队中锋帕楚里亚摔倒后压在了雷霆队当家球星韦斯特布鲁克的腿上，导致后者迟迟不能起身。此事引起了轩然大波，一场关于帕楚里亚是不是故意摔倒在韦斯特布鲁克腿上的讨论席卷整个 NBA 联盟。苏群也在微信公众号上发表了自己的看法：

帕楚利亚这一倒，吓坏全世界①（节选）

帕楚利亚冲威少倒下去以后，三个人滚作一团，但是当杨少侠和帕楚利亚拍拍屁股站起来，威少坐在地上，我们才感觉到害怕。

这叫"后怕"。这个赛季已经伤了太多的球星，如果威少在帕楚利亚120多公斤的身子底下有点什么事，NBA的格局又要发生新的改变。

没错，NBA的格局已经因为大面积的伤病发生了不少改变。这个赛季，已经有9位全明星遭遇重大伤病，其中5人赛季报销或疑似报销，加上打重要位置的则有14人；有21支球队遭遇重大的球员损失，其中至少有9支球队的名次、季后赛希望或者原赛季计划受到重大影响。

而威少，是上赛季MVP啊！

帕楚利亚到底是不是故意的？这个问题，站在不同的立场观察，会有不同的结论。

首先从裁判角度，不会讨论主观故意，只会看是否犯规，犯规的程度。无意的犯规，如果带有伤害性，裁判也会判恶意犯规；有意的小动作，如果伤害性不大，也只判一般犯规。所以，在滚作一团的情况下，他们不会给予判罚。我也不认为赛后会追加处罚，因为在帕楚利亚倒地之前，尼克-扬的脚勾了他的腿窝子一下，他顺势就倒下去了。

从勇士球迷的角度，帕楚利亚有点冤枉，因为尼克-扬勾了他的腿窝子。

从雷霆球迷的角度，帕楚利亚太脏了。尼克-扬的确勾了他的腿窝子，但有那么大的劲儿吗？帕楚利亚脚底下没根吗？他倒地的时候，为什么不像其他球员那样，用手撑一下地保护对手呢？

更重要的是，帕楚利亚有太多前科，让球员和球迷觉得他不是故意都不可能。

在一年前对雷霆的比赛中，帕楚利亚上半场结束前曾在中线附近对威少重重地撞了一下，然后冷峻地盯着倒地的威少。

不到一周以后，帕楚利亚在对开拓者的比赛中，回身一掌打了巴比特的脸。

帕楚利亚在打马刺的季后赛中，脚伸到莱昂纳德的脚下，导致对手崴脚报销，马刺领先25分被逆转。也正是这次事件，NBA强化了新赛季的录像回放，对防三分球投篮的垫脚行为严加监管。去年总决赛的第4场，帕楚利亚在一次倒地缠斗中，击打骑士队尚珀特的要害处。

但NBA已经到了必须想办法保护球员的时候了，球星是他们的核心资产，伤一

---

① 苏群.帕楚利亚这一倒，吓坏全世界［EB/OL］.（2018-02-26）［2021-03-04］. https://sports.qq.com/a/20180226/004504.htm?pgv_ref:aio2015.

个,就减一分魅力,少一点价值,如果全明星"勒布朗队"12人有三分之一受伤退出,那一定哪里出现了问题。

美国有一个网站,专门统计各大职业联赛的伤病。据这个网站计算,截止到全明星周末前,NBA因伤缺阵3800人次,比上赛季同期增加42%。早在1月底,缺阵就达到了3000人次,比上赛季提前一个月,刚刚突破这个标准线,考辛斯、罗伯森和波尔津吉斯就受伤赛季报销。据估计,到常规赛结束,缺阵人次将比上赛季增加50%以上。

到底什么原因造成这么多人受伤,受大伤,以至于赛季报销?目前还没有定论,至少帕楚利亚还不是追究的原因,因为大多数NBA球员都知道这样的道理:保护对手,就是保护自己;爱护对手的饭碗,就是爱护自己的饭碗。在强对抗过程中,掐一把肉、支一下肘、伸手拨拉一下,这些小动作都不至于伤人,过于危险的动作是不敢做的。

我最早提出了这样的看法:如今的NBA风格变化剧烈,节奏和速度加快,大个子里外全能,高速度中对抗的数量前所未有,因此意外受伤明显增加。事实上,过去6个赛季以来NBA的平均节奏一直在提升。

肖华上任后,力主拉长赛程,这才是实验的第一个赛季,缺少足够的样本来寻找伤病增加与训练营和热身赛压缩的联系。于是也有不少意见对准了82场的常规赛,认为数量太多,这符合球员的利益,因为当年把季后赛第一轮从5战3胜变为7战4胜,可没有和他们商量过。

但NBA是一个商业联盟,成绩好的球队固然可以从季后赛赚取更多票房,但被淘汰的14支球队,会因为比赛减少而更加亏损。NBA在1961-1962赛季只有9个队时就打80场常规赛,这是经历史检验过的基本场次。

于是很多球队想办法减少核心球员的出阵场数。如今再找一个斯托克顿那样19个赛季打满17个赛季的球星已经不可能了。一开始轮休还要找个理由,现在所有人都会理解,联盟也不再追究,尽管这个赛季开始前,曾要求所有的缺阵必须给出伤病理由,轮休不能选主场和重大场次。

NBA正面临前所未有的挑战,因为这个联盟的风格发生了剧变。这是一个职业联盟,也是商业联盟,所有侵害核心资产的因素都会引起重视,包括帕楚利亚的这次倒地。

这篇评论之所以能够获得超过10万的阅读量,与其专业分析和情感共振密切相关,能够引起读者的充分讨论。苏群也在推文留言区积极地与读者互动,在字里行间中再次强调了自己的观点。

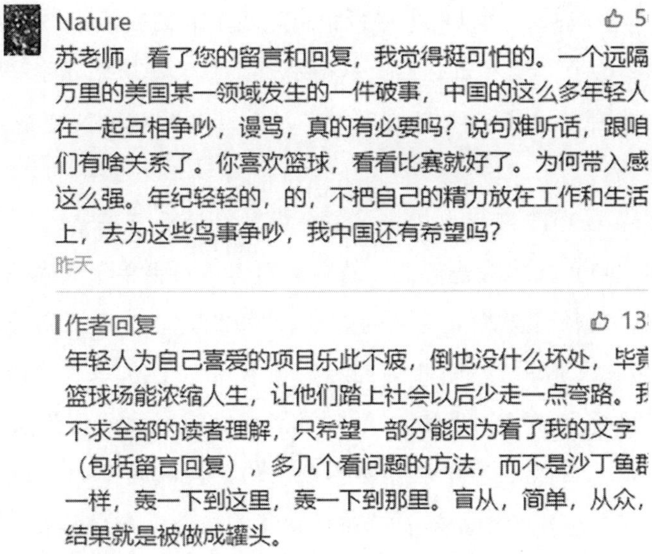

> **Nature** 👍 5
> 苏老师，看了您的留言和回复，我觉得挺可怕的。一个远隔万里的美国某一领域发生的一件破事，中国的这么多年轻人在一起互相争吵、谩骂，真的有必要吗？说句难听话，跟咱们有啥关系了。你喜欢篮球，看看比赛就好了。为何卷入感这么强。年纪轻轻的，的，不把自己的精力放在工作和生活上，去为这些鸟事争吵，我中国还有希望吗？
> 昨天
>
> **|作者回复** 👍 13
> 年轻人为自己喜爱的项目乐此不疲，倒也没什么坏处，毕竟篮球场能浓缩人生，让他们踏上社会以后少走一点弯路。我不求全部的读者理解，只希望一部分能因为看了我的文字（包括留言回复），多几个看问题的方法，而不是沙丁鱼群一样，轰一下到这里，轰一下到那里。盲从，简单，从众，结果就是被做成罐头。

图 10-5　该群在微信公众号中与读者互动

二、新浪微博与体育新闻评论

新浪微博是一个网民大量聚集的地方，因为微博的开放性，网民们可以看到多种多样的评论。2018 年 2 月 26 日，中国超级杯在上海打响，这场比赛不仅仅因为它是当年国内的首场正式比赛，会产生首个冠军球队，更因为它是 U23 新政的第一场比赛。新政带来的影响和讨论热度甚至高过了广州恒大超级杯三连冠，《体坛周报》副总编辑、足球专项记者马德兴赛后在其个人微博上发表了题为《"3+3"新政让中国足球变味——旁观恒大战胜申花夺取超级杯》的评论，这篇评论在微博上有 39000 多的阅读量，评论、转发和点赞人数达到 300 多人次。文章结合恒大与申花的超级杯比赛，反思中国足协出台的"3+3"新政，作者结合个人采访经验和球队的临场表现对其进行了专业剖析，并提出犀利观点，引起球迷和媒体的广泛关注。

> **"3+3"新政让中国足球变味——旁观恒大战胜申花夺取超级杯**[①]
>
> 在刚刚结束的 2018 年中国足坛揭幕大戏中，广州恒大队作为去年中超联赛的冠军，以 4 比 1 大胜去年足协杯赛冠军上海申花队，夺取了今年第一项赛事超级杯赛的冠军，实现了"三连冠"。应该说，这是双方水平的某种体现。不过，本场比赛的焦点

---

① 马德兴."3+3"新政让中国足球变味——旁观恒大战胜申花夺取超级杯［EB/OL］.（2018-02-26）［2021-04-03］. https://www.sohu.com/a/224209547_695632.

并不在于恒大队与申花队究竟谁能够夺冠,而是在于中国足球的"3+3"新政第一次全面实施。虽然"幺蛾子"没有出现,但不得不说,由于每场比赛中必须要有三名U23球员登场,这在某种程度上让本场比赛打了折扣,甚至是在改变着足球发展的基本规律。

对于中国足协在2017年年初开始实施的每队必须要有一名U23球员首发,应该说相对比较合理,不会对球队造成太多的负面影响。而去年年底在原来的基础上实施的更严格的新政,恐怕将会改变足球的走势。"每队实际累计上场外籍球员最多3人次;每队11名首发球员中至少有1名U23球员;每队U23球员实际累计上场人次不得少于本队外籍球员实际累计上场人次。"这就让比赛的"变数"大大增加,因而此前申花队和恒大队在亚冠联赛中均保持不败、均是两战两平的战绩,对今晚的超级杯赛毫无参考性可言,甚至根本不能用亚冠联赛前两轮比赛中的表现来评判此次超级杯赛。

实际比赛结果也是如此。广州恒大队在此前的亚冠联赛中才攻入一球,但本场比赛中却取得了四个进球。当然,比赛与比赛不同,不能简单地用一场比赛去推测另一场比赛。可是,同样的队伍,受制于不同的竞赛规程与规则,所受到的影响恐怕并不是一两句话能够说得清楚的。

单就这场比赛而言,最令人感兴趣的并不是恒大队率先凭借着黄博文的"神仙球"率先打破场上僵局,也不是瓜林为主队申花队追平比分,之后申花队又两度被恒大队攻破球门,而是在3比1之后,张琳芃在第75分钟时倒地,很有可能会因伤被迫下场那一幕。因为一旦张琳芃下场的话,由于恒大队已经用完了两次换人名额,杨立瑜作为U23球员换下了于汉超、徐新换下了黄博文,加上首发出场的邓涵文,恒大队就只有一个换人名额,而这个换人名额必须是启用U23球员。当时,冯博轩已经在场边进行活动。

按照正常情况下,张琳芃是中后卫,受伤下场的话本应该是换上一名中后卫,也就是正常的对位换人。但是,受制于政策,恒大队就只能换上U23球员,否则就要被判负。可是,众所周知,冯博轩根本就不是中后卫。如果当时张琳芃无法坚持的话,就只能硬着头皮出战。那么,随即而来的问题便是:谁来打中后卫的位置?当然,恒大队场上的左后卫李学鹏以前曾司职过中后卫,假设张琳芃下场的话,就可以将李学鹏拉进去、改打中后卫。而冯博轩司职左后卫,或者让邓涵文改打左后卫。可不管是冯博轩还是邓涵文,都不是左路出身。于是,对手很有可能会抓住机会,改变场上的局势。更重要的是,假设队内没有像李学鹏这样的多面手,球队又该怎么办?

当然，这一幕最终还是没有出现，张琳芃依然还是坚持打完了整场比赛，而冯博轩最后也只是换下了郜林。可是，通过这样的一幕，我们可以清晰地意识到：我们所谓的"改革"其实是从本质上改变了整个球队的技战术部署与安排！从另一个角度来说，这也就是完全改变了足球比赛的属性，更是背离了足球运动的内在规律！这根本就不是我们所希望看到的足球。

尽管很多人会说，这样的规定是为了加强我们的年轻球员的培养，但是，至少从今晚的这场比赛来看，不管是上海申花队还是广州恒大队，并没有给年轻球员以太多的机会。申花队因为要完成这样的规定，除了将丛震安排进首发阵容外，下半时一开始就用李晓明换下了毕津浩，至下半时后半段又不得不换上了刘若钒。按照这场比赛中的走势与情况来看，申花队落后的情况下应该是进一步加强进攻、启用更多的攻击球员。但是，由于要满足U23球员的规定，只能把U23球员相继派遣出场，根本就无法将更多的攻击球员安排进替补席。同样，广州恒大队在安排了邓涵文之后，另外两名U23球员都只是在最后时刻获得出场机会，也就只有20分钟左右甚至更少的时间来锻炼一下。

而且，一个可以预见到的情况是：现代足球发展至今，替补的重要性已经越来越明显。但是，受制于U23政策、最后阶段必须要把U23球员派遣出场，这些U23球员根本就很难扮演重要的替补角色、发挥逆转场面的重要作用。这与现代足球的发展趋势又是背道而驰的。

虽然广州恒大队夺取了超级杯赛，这场比赛也仅仅只是U23新政升级版的第一次亮相与实战运用。相信随着联赛的全面展开，各种意外情况会出现得更多，各队或许会有准备，但相信依然防不胜防，比赛的偶然性将会进一步增加。不知道这是不是我们所想要看到的足球、想要看到的联赛。

第四节　体育直播平台、弹幕、短视频平台

随着新媒体技术的不断发展，专业的体育直播平台越来越多，企鹅直播、章鱼直播等新媒体直播平台，已经成为受众了解体育赛事、发表体育新闻评论的重要渠道。更重要的是，直播平台将弹幕带进了体育新闻评论领域，弹幕逐渐成为互联网视频与直播用户参与体育赛事评论的重要方式之一。

"弹幕"原本用于称呼火力猛烈的子弹，形容子弹过于密集而像幕布一样发射出来，现在用于形容流动在视频画面上的评论字幕。弹幕视频是近些年出现的一种寄生

于传统视频网站的视频形式，观看视频的同时能发表评论并通过即时滑动的字幕显示出来，与其他在线观看的用户一起分享。从视觉上看，排列的评论感觉像密集的子弹从画面中掠过，因此而得名。

弹幕视频最早流行于日本的 Niconico 视频网站，在短时间内就成为日本网民最青睐的弹幕视频网站之一。在国内，Acfun 是最早上传弹幕视频的网站，它和 Bilibili 一起成为如今国内最知名的弹幕视频网站。这种网站的形式丰富多彩，内容富有活力，除了有娱乐电视节目和新闻片段外，还有原创恶搞视频及动漫作品等。近年来，国内的爱奇艺、腾讯视频、优酷网等主流视频网站纷纷开始运用弹幕这种形式。除此之外，电视、话剧、演唱会、游戏、电子阅读甚至淘宝的促销活动也都实现了与弹幕的接轨。湖南卫视在 2014 年"金鹰节互联盛典"的直播和 2015 年"全球华侨华人春节联欢晚会"的直播中都采用了弹幕形式。电影《秦时明月》和《小时代3》等影视作品也尝试了将弹幕搬上大荧幕。

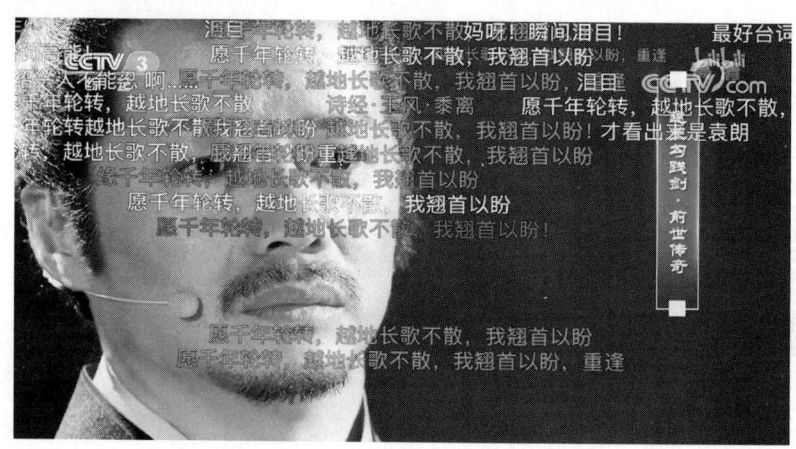

图 10-6　文化节目《国家宝藏》在 Bilibili 网站中的弹幕

在 Bilibili 网站上有很多体育方面的视频，比如在 2018 年 2 月 19 日，UP 主"择骨三千"发布了名为《【体育大魔王】中国那些魔王级选手》的视频，视频中介绍了我国三位顶尖的运动员，分别是女子短道速滑运动员王濛、男子乒乓球运动员张继科、女子排球运动员朱婷。视频中王濛速度极快、技巧超高，在比赛时一直遥遥领先，毫无悬念地获得了比赛的胜利，而网友们也在弹幕中持续不断地发表评论，形成了一股弹幕瀑布流（见图 10-7）。

图 10-7　Bilibili 网站上《【体育大魔王】中国那些魔王级选手》视频中介绍
中国短道速滑名将王濛时的弹幕

目前，大多数网友一般在智能手机、iPad、电脑上观看视频或直播，因屏幕较小，再加上流动化的呈现方式，所以弹幕一般都有字数限制，一般都比较短，甚至只有几个字，可见弹幕中的体育新闻评论与以上其他渠道展现的体育新闻评论有着巨大的差别。评论性内容在弹幕中占据了较大篇幅，是弹幕的主体，也是能使观众产生参与感、互动感的源头。这类弹幕通常是对视频内的场景、人物、情节、道具、音乐的一种评论或者对视频内某一情节爆发点而产生的个人想法、感叹与共鸣。比如球赛的进球时刻往往会形成"弹幕群"，极大提升观赛气氛，这种弹幕又被称为"狂欢弹幕"。在评论性弹幕中还包括了弹幕文化里最有特色的"吐槽弹幕"，即一种调侃、挖苦性质的评论。

弹幕作为一种新兴的交流方式，还有很大的发展潜力，每一个网民都应该加强自律，提高媒介素养，减少谩骂，让弹幕能够健康发展。

2016 年年中，短视频传播平台抖音上线。抖音是一款音乐创意短视频社交软件，是一个专注于年轻群体的 15 秒音乐短视频社区。用户可以通过这款软件选择歌曲，拍摄 15 秒的音乐短视频，生产自己的作品。由于其风格多样、形式新颖，审美与审丑同时存在，很快便风靡起来。随着客户需求的延伸，目前已经突破 15 秒的限制，可以上传 60 秒以上的视频，甚至还开通了直播功能。短视频也很快被用在了体育新闻评论领域，苏群就在抖音上开通了自己的账号，目前粉丝数量已经接近 50 万。在2019 年篮球世界杯期间，苏群几乎每天都发表一条抖音短视频，在 60 秒的时间内对一天的比赛进行简短的点评，产生了上万的点赞数。但由于受限于视频时长，抖音很难承载深度的体育新闻评论。

目前，抖音短视频平台上与体育相关的内容主要集中在健身、运动展示、体育教学等方面，表现方式上呈现出娱乐化的特点。有人认为娱乐化削弱了体育新闻评论的严肃性，使体育项目的魅力和传播效果大打折扣；但也有人认为"严肃性"是大众对体育新闻评论的刻板印象，娱乐化的体育新闻评论已经被广泛传播与接受，娱乐化也可以成为体育新闻评论的重要元素之一。其实，孰是孰非并不重要，关键是要根据不同的传播渠道来选择恰当的评论形式，以满足新媒体时代的受众需求。

本章思考与练习

1. 新媒体体育新闻评论的传播渠道有哪些？

2. 结合你的经历，谈一谈弹幕作为新的体育新闻评论传播渠道如何得到更好的发展？

3. 你认为数据新闻和体育新闻评论应该如何协同发展？

4. 你认为还有哪些传播渠道适合新媒体体育新闻评论的传播？

5. 请以小组或团队的形式，在微信公众号、微博、抖音、喜马拉雅、百度贴吧、Bilibili 网站等新媒体平台开通自媒体账号，并生产和分享评论作品。

第十一章　新媒体体育新闻评论的把关效果与受众分析

本章学习要点

- 新媒体体育新闻评论的把关效果
- 新媒体体育新闻评论的受众分析

内容提要

本章分为两节：第一节阐述了新媒体时代把关人面临的新语境，分析了体育新闻编辑的把关职责，并对新媒体体育新闻评论把关效果的强化进行思考；第二节主要阐释了新媒体时代体育新闻评论受众的流变，以及体育编辑的应对策略。

第一节　新媒体体育新闻评论的把关效果

美国社会心理学家、传播学奠基人之一的库尔特·卢因提出的"把关人"理论，指出了群体传播范畴下信息的单向流动特性，把关人以群体规范或其价值标准为依据，筛选进入传播渠道的信息。[①]

随着媒体技术和体育媒体类型的发展，新媒体时代体育新闻评论把关人的地位得到了进一步巩固与加强，其面临的传播语境也发生了重大变化。自媒体的发展和浅阅读的盛行都对身处信息决策地位的把关人提出了新的挑战，强化把关效果成了每一家体育媒体必须面对的课题。

---

① 郭庆光.传播学教程[M].北京：中国人民大学出版社，2011：130.

一、新媒体时代把关人面临的新语境

目前，经过近年来国家广播电视总局不断整顿，我国持有记者证的人数保持在25万左右。而2021年2月中国互联网络信息中心（CNNIC）发布的第47次《中国互联网络发展状况统计报告》显示，截至2020年12月，我国网民人数达9.89亿，较2020年3月增长8540万，互联网普及率达70.4%。理论上这些人都可以在网上自由发布信息，他们都取得了一定程度上的话语权，可以行使把关人的权利。从25万左右到数亿，职业化的把关人面对无数非职业化把关人，把关人理论受到了前所未有的挑战，新媒体时代的把关人也面临全新的语境。

传统媒体时代，报纸、广播、电视等大众传媒主导着社会价值取向，其编辑的把关权因机构传媒的垄断性而得到确认和巩固，把关效果也因精英主导的发声渠道而得以保障和强化。然而在新媒体时代，网络媒体尤其是自媒体的蓬勃发展打破了传统主流媒体对社会价值观的垄断，过往"你说我听"的精英灌输模式已被"人人都有麦克风"的个性输出行为所取代。

在这样一个人人皆为信息发布者、信息发布渠道多元的时代，"把关人"的角色不断弱化，其身份不再像传统媒体时代那样明确而单一，而是成为拥有多种社会身份的不确定的个体。随着技术的进步，个体的自我意识必将得到进一步释放，理性发声将备受推崇，更大范围的信息"把关"将成现实，需要更多人的业余"把关"。

同时，新媒体时代受众发声渠道日益多元，发声意愿日益强烈。固有的传受角色在全新的传播语境下，权利逐渐下沉、地位逐渐对等。随着新技术的不断衍生和迭代，传播渠道的单向流动特性不复存在，媒介与受众的交互性进一步增强，信息呈现多元化流动形式。传统媒体话语权被稀释，把关者的权威地位受到挑战，受众对事件走向的影响日益加重，在诸多领域出现了一批拥有话语权的意见领袖。

二、体育新闻编辑的把关职责

传统媒体时代，"把关人"在新闻信息生产和传播过程中发挥着举足轻重的作用，把关效果的优劣一定程度上决定着媒体的权威性和公信力。编辑的把关过程不仅是对事实真伪的核实甄别，更是对传播内容进行价值判断。以体育新闻评论为例，不论被纸媒刊登的评论文章还是电视上播出的评论节目，其选题和观点无不经过反复推敲和酝酿，经过编辑的层层审核和筛选之后才与受众见面。这一看似"繁复"的工作流程不仅保证了观点的独特性和论述的专业性，而且是对受众负责的体现，在很大程度上保证了媒体的权威性，把更高质量的新闻产品呈现给用户，也正是"把关人"的职责所在。

在当下这个"受者皆传者"的时代，由于信息生产者数量的激增和信息内容种类的扩大，把关的权利和职责已不再局限于职业新闻人，而是下沉至每一位普通用户，人人都有信息"把关"的责任和义务。同时，新媒体时代"把关"行为的发生场景不应该局限在信息生产之前，而应该镶嵌和渗透至信息传播的每一个环节。作为用户个人，在自行生产信息时应树立把关思维，对所要发布的内容进行自我审核，另外在社交媒体上转发时也应提高把关意识，明确个人的把关职责，对内容进行"自我筛选"之后再进行传播。

体育编辑作为职业把关人，要在体育资讯和评论的生产传播过程中体现出对应的专业性、权威性和舆论导向性。

体育编辑要以专业的手段强化体育新闻评论的传播效果，最大限度地表现其新闻价值。常用的手法有置顶、更改字号、加粗或加红文字等，编辑可以将作者的核心观点进行提炼并置于摘要或导读部分，以便用户在浏览资讯时能在第一时间留意到相应的评论文章。同时，体育编辑要紧追热点、准确把握受众的信息需求，对紧贴热点事件的大咖观点和精华评论进行推送或置顶操作，为受众传播最需要、最有用的观点信息。有速度、有观点的评论文章，可以让体育媒体在热点事件中俘获更多受众的注意力和忠诚度。

体育编辑要通过有效的把关行为体现出媒体的权威性。新媒体时代强调以快取胜，尤其是在瞬息万变的体育竞赛中，往往比赛刚刚结束，相关的赛事资讯便会被推送到用户手中，紧随其后的是针对本场比赛的评论。各大体育媒体机构为争夺用户而追求速度本无可厚非，及时、快速的报道和评论一项赛事也是媒体专业性的体现，但是在一味追求速度的背景下，文字的准确性、观点的合理性往往不能得到保证，在赛后评论中出现赛事基本信息错误、关键判断导向错误等问题司空见惯，这已经在很大程度上影响了受众的阅读体验和媒体的权威性。因此，体育编辑作为把关人，应该依靠自己的职业敏感，核查信息真伪，推敲观点的可疑之处，并及时终止相关体育新闻评论的扩散传播。信息的真实性和观点的深刻性是第一位的，是媒体吸引用户和球迷的前提。真实信息、深刻观点的体育新闻评论的及时发布，本身就代表了一家体育媒体的权威。

更值得注意的是，在新媒体时代，很多体育直播号、微信公众号的主播或创始人本身就是编辑，自主生产内容和把关内容。当内容生产与"把关人"集合在一起的时候，就要求"把关人"愈发要树立正确的价值取向，不断增强个人的专业素质，增强社会责任感，勇于承担维护网络秩序的责任，让内容生产和把关人的角色有机地融合起来，提升新闻评论的质量和社会影响力，而不应当因为把关人就是内容生产者就放松警惕、粗制滥造，破坏受众对新媒体体育新闻评论的信任和喜爱。

三、新媒体体育新闻评论把关效果的强化

（一）丰富体育新闻评论产品的呈现形式

相比于以纸媒为传播载体的深度评论和长篇评论，新媒体时代受众的阅读方式和阅读习惯已经发生巨大变化。过往呈现在纸媒上的体育新闻评论逐渐转移到以个人微信公众号、头条号和垂直类体育新闻客户端为代表的新媒体平台，《体坛周报》《足球报》等国内权威体育媒体的纸媒销量正在进一步缩减。随着自媒体的兴盛，快餐化的"浅阅读"已经成为主流，评论文章的更新和传播速率日益加快。

在这样的背景下，体育编辑应该充分发挥把关人的作用，能够在短时间内对信息进行全面、细致的把握，了解用户的个性化需求，挖掘体育事件和重大赛事的深刻内涵和趣味化意义，对评论稿件进行合理化加工并通过恰当方式加以呈现。过往单一的文字呈现形式显然已经不能满足用户的需求，图片、音频以及短视频都可以成为体育新闻评论产品的呈现形式。同时，深度阅读尽管被挤占和压缩，但并不等同于深度阅读不存在，只是要求体育编辑扮演好把关人角色，将深度评论稿件进行整合优化，以更加趣味性、轻松化，而非以无序化、肤浅化的形式呈现给用户，满足其"浅阅读"需求。

（二）发挥议程设置功能，不断满足受众需求

对新媒体体育新闻评论把关效果强化的另一重要举措在于增强体育编辑的前瞻性。编辑作为把关主体，在拓宽体育新闻评论产品呈现形式的同时，还应该充分发挥机构媒体的议程设置能力，发挥意见领袖的作用。体育编辑应该对用户的反馈进行具体化分析、对读者的需求进行定向化满足，在对舆论环境准确把握的基础上，通过稿件推送、选题策划等方式恰当地引导受众，不断满足甚至超越用户的需求。

（三）编辑群体化决策成为编辑选择的工作方式

学者王瑜指出："编辑个体受局限性影响，更多地成为执行者，而编辑群体智慧的生产方式才是展现内容建设内在联系与逻辑性的聚合优化。群体把关将编辑选择置于宏大背景之下，对信息生成、发展脉络的清晰客观化了解，对传播效果的前瞻性预判，对传播手段的合理化设置运用，以及对内容的多维度解析打造，都远胜于个体的

态度与决断。"① 在以快取胜、瞬息万变的体育传媒环境中，编辑个人的决策往往带有一定的狭隘性和风险性，内容审核疏漏和把关不严格等问题都在影响着传播效果和受众体验。因此采取群体化决策，对重要稿件进行多方审查可以在很大程度上降低风险、规避失误，从而提高媒体的把关效果。

总体来说，把关人在新媒体时代不应缺失，而且应当更加专业。新媒体时代的把关人不仅具有编辑把关的作用，甚至还有内容生产、媒体经营、企业管理等不同的作用。新媒体时代的"把关人"仅凭一己之力就能生产出超过 10 万的体育评论量，一个人就可以成为某一项体育运动评论的超级意见领袖，甚至一个人就是一个编辑部，这在以往看似不可能达成的事情，在新媒体时代往往会成为常态。把关人身份的多元化对把关效果起到了很大的影响作用。

第二节　新媒体体育新闻评论的受众分析

一、受众的流变特征

（一）旧媒介时代：被动接收的读者

按照莱文森的观点，旧媒介是指互联网诞生之前就存在的一切媒介，包括书籍、报刊、广播、电视等传播载体。由于受到时间和空间的限制，体育新闻评论的读者在这一时期只能"被动"地接收媒体机构所安排的内容，基本上属于"你登我读""你说我听"的单向度传播模式，缺乏选择上的自主性和时间上的随意性。在旧媒介时代，球迷想要阅读到心仪的体育新闻评论员发表的评论，必须苦等着报纸的刊印或电视节目的播出。因此，下课或下班后第一时间跑到报刊亭购买刚刚出刊的《体坛周报》，并在上课或上班时躲着老师和上司偷偷阅读名家球评，就成了很多 80 后球迷的共同回忆。

（二）新媒介时代：主动选择的受众

莱文森所说的新媒介时代是指互联网上的第一代媒介，主要盛行于 20 世纪 90 年代中期，其代表有邮件、报刊电子版、聊天室、留言板等。相比与旧媒介，新媒介已

---

① 王瑜. 全媒体时代把关人的新变化：以编辑选择权的行使为例［J］. 青年记者，2017（4）：57-58.

经具有连接万物、信息共享的特征,体育新闻评论受众的角色得以从被动接收者转变为主动选择者。新媒介时代首当其冲的变化在于信息的海量性,互联网技术的诞生和应用,为体育新闻评论受众提供了诸多可供选择的文本。同时,受众也无须像旧媒介时代一样按照媒体机构的刊发安排亦步亦趋地阅读评论,而是可以打破时间和空间上的限制,按照自己的时间和喜好进行自主选择。最为重要的是,聊天软件的出现改变了受众以往自娱自乐的模式,为信息的交流和分享提供了极大的便利。

(三)新新媒介时代:积极参与的用户

发展到新新媒介时代,体育新闻评论无论是在内容创作还是传播方式上都迎来了重大革新,受众不仅可以主动选择信息,而且转变成为积极参与评论生产与传播的用户。总体而言,这一时期体育新闻评论的受众在身份地位、个体形态、接触方式、内容诉求四个层面呈现出以下的流变特征:

1. 身份地位:主体化和节点化

伴随着互联网技术的深度普及和新媒体产品的广泛渗透,体育新闻评论受众在整个传播链条中的主体性不断增强。新媒体时代的受众不仅具有信息和观点的消费能力,还具有相应的生产能力,也就是具备了信息和观点的制作、传播、扩散的能力。①由旧媒介时代被动接收信息,转变为新媒介时代主动地、有选择地获取信息,再到当前媒体时代表现出的强烈参与需求,受众的主体意识被充分地调动起来。体育新闻评论的受众已经不满足于以往仅仅阅读名人的作品,而是更加频繁地通过各种媒介平台发表观点和意见。类似于虎扑体育、懂球帝等垂直类体育新闻客户端,都在通过建立聊天社区和评论圈子等方式为广大体育新闻评论受众搭建一个各抒己见、畅所欲言的交流平台。一旦遇到重大赛事或热点事件,评论区的各队球迷便会展开热火朝天的讨论。

主体意识增强带来的后果,便是用户不再属于体育新闻评论传播链条的尾端和终点,而是演变为传播过程的一个节点。各大媒体机构的体育新闻评论传播到用户手中并不意味着传播过程的完结,用户会在接触信息后针对其中的重要观点和关键论述加以解构,进而转发至社区平台发表看法。用户所分享的个人观点又会以新的话题形态呈现在其他受众面前,从而流通至下一个传播环节当中。从身份地位角度来讲,当今的体育新闻评论受众可以利用新型媒介平台,扮演信息搜寻者、产品浏览者、意见反

---

① 许海滨.试论网络时代受众需求的变迁[J].出版发行研究,2017(8):89-92.

馈者和话题衍生者等多重角色。

2. 个体形态：集群化和互动化

相比于以往千人一面的趋同形象，新媒体时代受众的个体形态在互联网技术的催化和形塑下分解为极具个性的精细类别。受众的需求在被激发和培育之后，根据兴趣、志向、价值观等取向的不同汇集成具有各自鲜明特色的集群。当下的体育新闻评论受众可以利用新媒体平台轻松地找到自己所支持球队的球迷聚集地，并在此交流看法、分享观点，进而形成各自稳固的"圈子"。

体育新闻评论受众的主体意识被调动和激发起来之后，受众从单纯的信息接收者变迁为主动获取者和传播者，再也不是孤立、单一、个体的集合，而是相互连接互动的群体，因而受众对评论作品生产和消费的最大动力来自人们的社交需求。新媒体时代，以微博、微信为代表的社交媒体和以垂直类体育资讯App为代表的评论"社区"，都在致力于保证用户的社交属性得以激发和满足。媒介的社交特性被强化后，用户在分享他人观点的同时获得了与集群内部个体交流互动的机会，其参与意识和分享意识得到了前所未有的凸显。

3. 接触方式：移动化和多元化

新媒体时代，互联网技术的进步催生了形态多样的便携式设备和移动接收终端，受众接收信息的方式和场景都发生了巨大变化。过去的报纸、广播、电视等传播渠道已经被诸如手机、平板电脑等移动设备所取代，传统线性接收信息的固定模式被打破，受众接收信息的方式更加便捷和随性，自由度和可选择性不断增强。

伴随着过去相对固定的休闲性客厅文化的崩塌和如今移动性极强的便携文化的盛行，体育新闻评论受众的媒介接触方式和对信息呈现方式的要求都变得更加多元。以往以文字为主的体育新闻评论传播渠道经历了从"读图时代"到"短视频时代"的演进，如今又加入了更具表现力和传播力的崭新模式。体育新闻评论受众已经不再拘泥和满足于用文字表达观点这一传统方式，新媒体时代，短视频赛事解析、运用直播技术进行比赛评论等形式正在不断丰富受众对体育新闻评论的接触方式。

4. 内容诉求：碎片化和娱乐化

由于在个体形态上被分化为极具个性的精细类别和集群样式，体育新闻评论受众本身就演变成了碎片化的个体。在新媒体时代，再没有哪种媒体能像之前的报纸、广播、电视一样将大众聚集于自己周围，并以大众媒体自居。在媒体裂变为一个个终端和平台的同时,原来的"大众"也分崩离析,成为多变的、差异化的受众,不断地进行着分化和重组,成为一个个小众媒体的使用者。①

与受众个体形态的碎片化相对应,传统意义上的长文报道和深度评论在新媒体市场正在遭遇寒冬,受众对评论文本的内容诉求日益碎片化和娱乐化。以往刊登在报纸上的三千字以上的深度长文在社交媒体平台短小精悍的简评和段子式的诙谐文本的冲击下变得"艰深晦涩",越来越多的用户选择敬而远之;过往电视上严肃、专业的赛事分析和点评节目,也在面临移动资讯平台轻松、有趣、随时随地可以播放的网络短视频节目的挑战,以娱乐、搞笑为指向的综艺风格逐渐成为专业体育赛事评论节目的底色和卖点。

二、受众的需求动机

随着互联网技术的迭代和进步,体育新闻评论受众的角色地位从旧媒体时代的被动接收者进阶成新媒体时代的主动选择者,进而演变成新媒体时代积极参与信息传播与生产的产品用户。在流变过程中,受众的集群化日益显著、话语地位得到升迁,最重要的是受众的角色身份同过去相比发生了巨大转换——从信息接收者的单一角色到观点传播者和接受者的双重身份。与此相对应,新媒体时代体育新闻评论受众对评论的需求动机也呈现出新的变化。

加拿大著名传播学者 B.R 贝雷尔森较早对印刷媒介的使用形态进行了考察,他在 1940 年发表的《读书为我们带来什么》一文中归纳了具有普遍性的读书动机,即"实用动机""休憩动机""夸示动机""逃避动机"。② 从贝雷尔森的观点出发,新媒体时代兼具传者与受者两种身份的受众,其对体育新闻评论的需求动机也可以归纳为四种类型:"实用动机""休憩动机""权利动机""社交动机"。

(一)实用动机

大众传媒的一项重要社会功能在于监视外界环境。实用动机是指受众的媒介接触行为很大程度是为了及时准确地把握外部世界的变化,进而为个人决策或观点塑造提供实际参考和帮助。体育新闻评论作品可以满足观众的求知欲,主要提供关于竞赛规则、团队建设、体育产业、经营管理,甚至风土人情、医疗保健等方面的知识。体育新闻评论受众通过浏览评论文章或收看评论节目,可以在汲取创作者本人思想的基础上,与自身的态度倾向加以对照,对事件发展和比赛走势形成更准确、更专业的研

---

① 宫承波,田园.新媒介时代受众生态的变迁[J].青年记者,2014(1):9-11.
② 郭庆光.传播学教程[M].北京:中国人民大学出版社.2011(2):166.

判，从而满足受众个人决策的需要。例如，购买足球彩票的受众可以在比赛前通过阅读专业的前瞻类评论文章来了解对阵双方的实力水平和竞技状态，为自己的投注决策提供重要参考。

从受者角度来看，阅读体育新闻评论具有实用价值，而从传者角度来看同样如此。新媒体时代自媒体平台如雨后春笋般蓬勃发展，机构媒体之外的个人体育新闻评论创作者借助自媒体平台生产、传播相关文章，一方面能够满足个人的表达欲，另一方面可以凭借优质的内容吸引粉丝、赢得关注，甚至通过打赏、付费等方式实现盈利，满足经济层面上的实用需求。

（二）休憩动机

随着生活节奏的加快和工作压力的激增，现代人正在承受着事业、家庭、情感等各方压力。体育赛事作为一个天然的"减压阀"和"调味剂"，是广大受众缓解和释放压力、调解和舒缓情绪的重要渠道。新媒体时代，体育新闻评论受众可以利用繁忙中的琐碎时间进行移动资讯的阅读和欣赏，了解自己支持的球队的竞技表现，观看自己喜欢的球星的精彩表现。这些富有娱乐性质和吐槽趣味的体育新闻评论能够帮助受众沉浸在愉悦的体验之中，实现心绪转换的作用，达到休憩放松的目的。而当自己主队获胜之后，阅读相关的赛后复盘和评论文章更能让受众沉浸在获胜的喜悦之中，身心得到放松和满足。

（三）权利动机

议程设置理论的奠基人唐纳德·肖提出了"莎草纸社会"的概念，他认为当今网络社会的阶层像是埃及人发明的莎草纸一样，是一种权力阶层相互叠加、覆盖的平铺式结构。新媒体时代，"莎草纸结构"能够带来一定程度上的均衡。之前处于金字塔顶端的人群并不能因为阶层高而完全控制媒体和舆论，而位于底层的人亦拥有相互分享信息并获取社会舆论支持的权力。

在互联网的网状传播结构中，任何一个网络节点的个体都能够自主地生产和发布信息，受众从被动的信息接收者转变为主动参与者，其主体意识不断增强的同时，个人话语权也得到了确认和巩固。个人权利的实现成为受众积极参与体育新闻评论的创作和传播过程中的一个重要动机，这种权利从传者的角度来讲包括观点传播权和意见表达权，从受者的角度来看主要是指知情权。体育迷在新媒体平台的评论区积极参与留言互动，通过点赞和回复等方式将自己打造成意见领袖，满足自身的话语权需求。

（四）社交动机

在获得话语权、成为信息发布者之后，受众还有社交需求。受众不满足于只做传播链条上的一个节点，而是通过转发、跟踪等形式对所获得的信息加以扩散，形成"二次传播"的同时强化了与其他受众之间的互动和交流。对于体育新闻评论受众而言，在社交媒体平台上分享的"个人成果"一旦得到其他用户的肯定，内心自然会被激发起强烈的满足感和成就感，这也会进一步激发受众个人的创作欲望。同时，在评论区积极参与互动，与其他受众对比赛进程、赛事焦点进行探讨，不仅可以增进该集群成员之间的感情，而且意见的一致和观点的相似也在一定程度上实现了群体认同，毕竟被群体孤立是每个个体极力规避的后果。

三、体育媒体平台的应对策略

新媒体时代，体育新闻评论受众呈现出传播角色节点化、个体特征互动化、接触方式多元化、内容需求娱乐化等流变特征，其信息接触动机从过往的实用与休憩需要延伸为权力确认和社交互动，这就对新媒体时代体育媒体机构的体育新闻评论生产提出了全新的要求。如何在坚守新闻专业主义的基础上最大限度满足体育受众的需求、提升传播力和引导力，是当前所有体育新媒体平台需要面对的课题。

（一）更新传播观念与传播手段

新媒体时代，互联网技术的发展降低了信息传播的门槛，社会交往由"大众传播"走向"大众自传播"，传受双方的角色定位不再泾渭分明，传统意义上的受众变身"创众"。受众正在利用新媒介产品扮演着搜寻者、浏览者、反馈者和对话者等多重角色，在接收信息的同时不断地分享信息、生产信息，成为传播链条中最为重要的一环。因此，作为机构媒体应该更新传播观念、重新调整自身与用户的关系，充分考虑其对信息和观点的需求，在此基础上实现传播者的利益诉求。

对于当前的体育媒体机构而言，一方面应该改变以往单向度的传播模式，树立用户思维，充分发挥用户作为"创众"所具备的观点生产和扩散能力，将传播权、参与权让渡给平台用户。另一方面，对于体育新闻评论文本本身来说，应该尝试呈现方式的创新，摒弃过往动辄几千字的长文模式，利用语音、短视频、H5、直播等用户喜闻乐见的新媒体形式对严肃、专业的评论文章进行趣味化表达，进而提升评论文章的到达率和传播力。

(二)打造社交化的平台型媒体

平台型媒体是指既具有媒体的专业编辑权威性,又拥有面向用户平台所特有的开放性的数字内容实体。这种平台型媒体不是利用自己单个的力量做内容与传播,而是打造一个良性互动平台,平台上有各种规则、服务和平衡的力量,并向所有的内容提供者、服务提供者开放。新媒体时代,媒体机构的地位与个人一样,成为错综复杂网络中的一个节点,不同节点因为共同关注的议题成为暂时性的集合,无数个流动的集群共同构成了平台型媒体。

平台型媒体可以增强体育迷作为用户的主体性,运用大数据实现个性化、精准化定位。随着技术垄断的打破和接入成本的降低,体育新闻评论受众可以有效地行使知情权、参与权和表达权,在获取有用的观点信息的基础上充分表达个人想法。同时,平台型媒体便捷的沟通渠道能够满足体育迷的互动需求,用户的社交动机得到了最大限度的保障。

(三)提升媒体公信力和引导力

美国学者克莱·合基认为,当前的新闻传播已经进入了"大规模业余化时代",大规模业余化的兴起,让专业与业余之间的关系变得模糊,业余人士和专业人士之间旧的界限不是一个裂缝,而只是坡度上的分别。[1] 但这并不意味着专业新闻的消亡,而是更高程度的专业化以及对专业精神的重构。

在这样的时代背景下,新媒体体育媒体人应该秉持新闻专业主义精神,以积极的姿态邀请普通的体育新闻评论受众参与观点生产,将用户作为盟友而不是竞争对手。通过专业、权威、优质的产品服务和供给,在与用户的平等对话过程中不断提升本媒体的公信力和舆论引导力。

本章思考与练习

1. 新媒体时代,体育新闻编辑的把关职责有哪些?
2. 新媒体时代体育新闻评论的受众发生了怎样的变化,应该如何应对?
3. 请做问卷调研:新媒体时代,受众希望看到什么样的体育新闻评论?

---

[1] 王天定.受教者、消费者抑或对话者:重新认识新媒体时代的受众[J].青年记者,2016(11):12-14.

第十二章 新媒体体育新闻评论的议程设置效果
——以"懂球帝 App"为例

本章学习要点

- 新媒体体育新闻评论的议程特点
- 懂球帝议程设置效果的强化策略

内容提要

本章以足球类新闻 App 懂球帝为例,分两节介绍了新媒体体育新闻评论的议程设置效果。在第一节中,首先介绍新媒体体育新闻评论的议程特点,其次分析了懂球帝足球评论的议程困境;第二节主要提出了懂球帝议程设置效果的强化策略。

随着近年来我国体育产业的快速发展,体育传媒业迎来了重要发展机遇,体育赛事报道、体育新闻评论成为各大媒体日益重要的工作内容。同时,新媒体技术的飞速发展和智能应用的广泛渗透深刻改变着用户的信息获取方式,互联网成为信息传播的主流渠道,新媒体体育新闻评论借助互联网平台发挥着愈发重要的影响力,成为体育媒体设置议程、引导舆论的关键环节。在这一章节中,我们将以足球新闻资讯类 App 懂球帝为例,分析新媒体时代体育新闻评论的议程特点。

第一节 新媒体体育新闻评论的议程特点

一、懂球帝 App 简介

懂球帝 App 于 2013 年 12 月 5 日正式上线,经过四年多的精心运营和谋划,目前已经成为全国用户量最大、影响力最广的足球新媒体和社区。根据2017年易观数据报告，在关注足球球迷群体中，懂球帝的用户比例超过82%。截至2018年6月，懂球帝注册用户量已逼近3600万，日活超过300万，日活峰值达到557万。与其他体育类新闻媒体不同的是，懂球帝是从移动端入手，以移动客户端（App）为主，以网页为辅，这使得懂球帝在移动互联网的浪潮中占得先机，符合人们当前的阅读习惯和使用习惯①。

在创办之初，懂球帝以提供海量的赛事资讯、精细的足球数据为主要特色。随后，不断强化用户之间的互动式交流，致力于打造一个足球聊天社区。懂球帝一方面允许用户在每篇新闻评论之后发表看法，使用户可以在"回复""点赞""举报"等方式中进行选择以表明态度，以增强用户之间的互动；另一方面，开通了"圈子"功能，喜欢同一主队、志趣相投的用户可以在相应的"圈子"内相互交流、共享信息。

懂球帝的足球评论文章主要来源于两种渠道，一是普通球迷自己开设的"懂球号"，二是懂球帝聘请资深球迷做兼职写手，写手根据编辑分发的议题进行创作，其文章经过审核后发表在懂球帝App上。

"懂球号"是懂球帝于2016年8月推出的一款可供用户发表个人评论文章的开放式自媒体，类似于微信公众号、今日头条号的模式。目前，很多普通球迷都开通了"懂球号"，在赛后第一时间分享自己的看球感受并与其他球迷互动交流。"懂球号"有以下几个特点：其一，文章紧随热点、时效性很强，一般会在比赛结束后半天时间内推送出来，及时满足球迷的需求；其二，选题广泛、内容多元。"懂球号"评论选题涵盖中国足球、英超、西甲、德甲、欧冠等各个细分领域，能够满足不同爱好球迷的阅读需求。同时，"懂球号"的文章不仅包括赛后战术复盘，还有数据分析、球队历史、足球漫画等，内容非常多元。

相比较而言，懂球帝聘请一批资深球迷做兼职写手，并成为其足球评论创作的主力军。这些兼职写手大多是具有一定文化水平和多年看球经历的资深球迷，无论是赛事复盘还是战术分析类文章，都能展现出他们敏锐的逻辑分析能力和深厚的足球知识积累，他们的足球评论也因此得到球迷们的广泛认可。兼职写手可以根据自己的兴趣确定评论选题并进行创作，只要质量过关便可在懂球帝App上发表，拥有很强的自由度。兼职写手创作的足球评论在挖掘作者自身价值的同时，还帮助懂球帝App拓宽了内容生产渠道，完善了内容生产机制，向用户提供了更专业、更有趣的内容，有效地设置了议题并引导了舆论。目前懂球帝中最热门的专栏有"刘强专栏""内德专

---

① 文斐.2016年度中国APP分类排行榜[J].互联网周刊，2017（1）：60.

栏""凡尔德专栏"等，这些个人原创评论每一期的阅读量可达数十万次，在用户中拥有非常强大的影响力。

二、懂球帝足球评论的议题特点

"议程设置功能"作为传播学领域的一项经典理论假说，最早是由美国传播学家M.E.麦库姆斯和D.L.肖于1972年提出的。他们在题为《大众传媒的议程设置功能》的论文中指出，大众传播具有一种为大众设置"议事日程"的功能，传媒的新闻报道和信息传达活动以赋予各种"议题"不同程度的显著性的方式，影响着人们对周围世界的"大事"及其重要性的判断。①议程设置理论仍然适用于当下新媒体时代的现实，媒体的议程设置行为对受众产生着重要影响，尤其是最能彰显媒体态度的新闻评论，更是在很大程度上左右着受众的倾向和舆论的走向。

作为一款为足球迷量身定制的手机移动新闻客户端，懂球帝的足球评论主要通过App这一渠道传播，与传统媒体如以《体坛周报》为代表的纸媒、以央视《天下足球》为代表的电视媒体相比，无论在传播方式、传播形态，还是传播效果方面都存在重要差异。网络的兴盛更新了体育新闻评论的传播方式，赋予用户更多的发言权和选择权，使以往传统媒体强大的议程设置功能正在经历变革和重塑。懂球帝原创评论在议程设置中呈现出以下特点：

1.主体扩大，权利下沉

传统媒体时代，职业记者、编辑扮演着"把关人"的角色，其对信息的选择、加工和处理影响着受众对某种议题的认知，而专业评论员的言论可以在很大程度上左右受众对某一问题的看法，从而有效引导舆论。然而，新媒体时代打破了媒体对信息的完全垄断和控制，传播者设置议程的权利由少部分职业新闻工作者分散到广大用户手中，普通受众拥有更多在网上发表言论的权利和机会，传播过程中传受双方更加自由和平等。

用户如今既是信息的接收方，也是信息的发布方，议题设置主体的扩大自然导致媒体议程设置效果的弱化，专业、权威的体育新闻评论甚至会在网上面临截然相反的观点的冲击。正如以往只有周文渊、杨毅这样的专业体育新闻评论员才能够在媒体上发表言论，如今每一位用户都可以针对感兴趣的项目、比赛发表看法，而且不受专家观点的裹挟。懂球帝正是这样一个发表足球评论的平台，普通用户可以在懂球帝 App

---

① 郭庆光.传播学教程[M].北京：中国人民大学出版社，2011：194.

上申请入驻懂球号，根据自己的兴趣和能力发表文章，吸引其他用户的阅读与关注，打破了单纯由专业媒体编辑发布信息的模式，使议程设置权利分化，议题设置主体泛化。[1]

2. 火速推送，倚马可待

传统媒体时代，新闻评论形成议题传播需要一定的时间，例如报纸、杂志等纸媒一般都要到第二天才能与读者见面，而在新媒体时代，网络的发展导致信息生产过程遭到极大压缩，此时此刻发生的新闻可以通过直播、推送等方式第一时间传递给受众。同样，对体育赛事的评论分析也无须等到报纸发行才能影响读者，而是在比赛结束后第一时间推送给读者。因此可以说，网络体育新闻评论所塑造的议题与受众在时间和空间上是零距离的，议题的形成具有强烈的即时性特征。

懂球帝作为一个垂直类足球新闻客户端，面临着诸多网络体育媒体的激烈竞争，这种情况下，新闻评论推送的速度在一定程度上决定着文章的点击率和媒体的权威性，也影响着议题设置的效果。因此，懂球帝的足球评论非常注重推送的即时性，编辑往往会在重大比赛刚刚结束一个小时左右便推出一篇快评，就本场比赛的重大争议或关键节点做以评价和阐释，以便及时设置议题引导用户的态度，从而占据舆论引导的先机。同时，在比赛结束后的第二天则会推出关于本场比赛的全面复盘和深度分析，力求帮助用户准确、深刻地理解相关赛事，形成对该项议题的有效引导。

3. 形式新颖，图文并茂

在写作规范中，懂球帝明确规定兼职写手的文章不能是纯文字形式而必须有配图，也不能在一篇稿件中多次使用纯粹的球员特写照片，而是以经过技术处理后的战术分析图代替，对于比赛的精彩镜头或进球画面则必须选择动图或者短视频。懂球帝之所以做这样的规定，主要是考虑到用户的阅读体验，毕竟现在是一个图像与短视频大行其道的时代，纯粹文字化的长篇大论很难让用户的注意力长时间集中，容易造成读者的阅读疲劳。相反，图片、动图以及短视频的恰当使用让文章显得图文并茂，不仅便于作者说明问题、阐释观点，而且这些新颖方式还可以减轻读者的阅读负担，增加文章的趣味性并提升可读性。

---

[1] 邰文燕. 网络议程设置与议题类型关系分析 [J]. 中共乐山市委党校学报, 2013, 15（3）: 97–100.

三、懂球帝足球评论的议程困境

1. 文字费解，篇幅冗长

顾理平教授认为，符合时代要求的新闻记者，除了要具备基本的文字写作能力，能在合适的篇幅中用最合适的方式传递新闻信息外，还必须不断从时代文化的最新发展中汲取养料。用美的文字、合乎时代节奏的篇幅，传递富有时代气息的信息，这是现阶段新闻写作的基本要求，这里"合乎时代节奏的篇幅"强调的是新颖的叙述方式和合理的表达模式。① 在当下这个手持移动端成为主要信息阅读方式的新媒体时代，新闻文体的写作要求正在发生着变化。新媒体时代的评论员不仅要坚守传统的真实、深刻、犀利等要求，而且其叙述和表达应该在秉承专业洞见的同时以轻松活泼的方式呈现给用户。文字通俗易懂甚至充满戏谑调侃气息，篇幅适中且逻辑节奏清晰，这样的评论风格才能为新媒体时代的用户所青睐。

对于足球这样一个本身具有很强娱乐性、戏剧性的体育运动来说，更应该用轻松活泼的大众化语言传达深刻、精彩的赛事分析，避免因为过多专业化表达而增加受众的理解难度。

懂球帝会在比赛结束后最短时间内推送相关评论或赛事分析，这些文章通常出自兼职写手，他们会站在资深球迷的角度，运用专业术语对赛事进行完整重现和详尽复盘，包括双方战术安排、球队进攻套路、主帅临场调整等方面。然而部分此类评论会陷入过度解读的怪圈，即为了追求全面、深刻、标新立异的洞见，在对比赛关键进程未加有效取舍的情况下，使用看似专业实则艰深、看似详尽实则烦琐的语言复盘比赛，导致文章文字费解、篇幅冗长，增加了读者阅读的疲劳感，很少球迷有耐心认真阅读全文。

2. 议题重复，观点同质

新媒体时代，体育媒体需要紧跟时下赛事热点，对重点事件进行集中报道和评论，为受众提供丰盛的内容大餐以供选择。然而，随着自媒体的兴盛和发展，用户每天所能接触的信息正在成指数倍增长，海量信息蜂拥而至甚至给受众造成选择困难。在这个"人人都有麦克风"的时代，新闻议题往往因为发声主体的扩大和发声渠道的多元而被重复解读或过度阐释，媒体所推送的评论文章出现观点同质化问题。

这一问题在懂球帝这样的足球类 App 中表现得比较明显。由于自身培养了兼职

---

① 顾理平. 视野·立场·责任：信息时代新闻记者的素质要求 [J]. 广播电视大学学报, 2009（4）：58—62.

写手,再加上球迷可以利用懂球号自由发表评论文章,懂球帝可以做到对每一场热点赛事进行全方位报道和解析,并以赛事前瞻、人物特写、赛后复盘等各种主题呈现。但是,由于写手人数众多、事先协调不畅,难免会造成议题重复的问题,出现多位作者就同一场比赛扎堆进行战术分析和赛后评论的情况。更为严重的是,部分评论文章的立意角度重合,观点同质化问题比较突出,致使懂球帝推送的评论只有数量而忽视了质量。

北京时间 2017 年 9 月 5 日 23:00,中国男子国家足球队在客场挑战卡塔尔队,这是 2018 年俄罗斯世界杯亚洲区预选赛 12 强赛的最后一轮较量,由于国足还保留着小组出线并进军世界杯的理论可能,因此本场比赛成为全国球迷关注的焦点。懂球帝对本场比赛进行了全景式、多角度、多元素的报道,并在比赛前后刊发了多篇深度分析和评论。笔者选择比赛开始时间前一天(即 9 月 4 日 0:00)至比赛结束后一天(即 9 月 7 日 0:00)为样本区间,统计了这一时间段内懂球帝推送的关于国足本场比赛的深度分析和评论,并按照"赛事前瞻""本场复盘""12 强赛回顾""郑智特写""前景展望"这五个主题对文章进行了分类,得出如下表。

表 12-1

稿件类别	赛事前瞻	本场复盘	12 强赛回顾	郑智特写	前景展望	总计
数量(篇)	8	4	10	3	8	33

经过统计,在该时间段内懂球帝 App 共向用户推送了 33 篇相关文章,其中"赛事前瞻""12 强赛回顾""前景展望"这三类主题的文章数量最多,分别为 8、10、8 篇。显然,8 至 10 篇主题相同、观点类似的文章在赛后齐刷刷地出现在读者手机上显得过于拥挤。在纷繁的信息海洋中,读者很难集中精力阅读全部的深度评论,反倒是因为高昂的信息筛选成本而影响其阅读体验,导致用户黏性和忠诚度不断降低,从而弱化新媒体体育新闻评论的议程设置效果。

3. 干货有限,精品匮乏

2011 年 5 月,"第一份互联网日报"《赫芬顿邮报》独立用户访问量首次超过《纽约时报》,达到了 3560 万,其仅用 6 年时就击败了拥有 150 年历史的传统媒体巨头,快速崛起的势头不可遏制。业内分析,将"内容为王"的基本原则贯彻到底,向受众提供权威、专业、多元和颇具深度的内容,是《赫芬顿邮报》取得成功的基础。[①]《赫

[①] 初小燕. 新媒体时代"内容为王"的传承与发展[J]. 中国报业, 2016(10): 61.

芬顿邮报》的成功说明，在新媒体时代，尽管用户获取信息的方式发生了改变，但优质的内容依然是媒体争夺和导入流量的关键抓手，媒体推送观点信息不应该只是追求点击率，还要重视点头率，甚至是回头率，只有源源不断地产出精品，才能牢牢地吸引并留住粉丝。

在竞争惨烈的体育新媒体丛林，每一个移动类应用想要生存就必须努力提高用户黏性，而吸引用户的重要环节就是优质内容的输出。对于足球类 App 而言，所谓的优质内容就是深度分析和专业评论，即球迷口中的干货。从这个角度来看，懂球帝尽管可以为用户提供题材丰富、风格多样的评论文章，但其中的精品输出量还是稍显欠缺，更多的评论文章或是冗长烦琐的战术分析或是个人赛后不成体系的观赛感受，诸如表述有误、观点偏颇等问题甚至招致了球迷的反感和抗议，整体而言缺少内容权威、观点鲜明的精品，给人以贴吧长文的轻率之感。

第二节　懂球帝议程设置效果的强化

新媒体作为一个双向交流平台，一方面为媒体策划议题、传播观点提供了便利，另一方面网络环境的开放性又增加了议程设置的难度，致使评论议题在形成过程中出现多种阻碍，例如水平良莠不齐的草根评论员的加入消解了评论议题的权威性。面对网络传播环境复杂、议程设置难度增大的现状，如何改进新媒体评论的传播策略、强化议程设置效果成为懂球帝要攻克的一项重大课题。

一、缩短篇幅，通俗文风

新媒体时代，草根评论员被赋予更多的发声权利，懂球帝招聘的大量兼职评论写手已经成为其足球评论的主要生产者。兼职写手往往拥有丰富的看球经历，是网络上具有一定影响力的意见领袖，其评论可以充实和丰富媒体内容，提高点击率和阅读量。但是普通写手的评论写作水平参差不齐，会影响文章的整体质量，文章文字费解、篇幅冗长的问题严重影响了议题的传播效果。

因此，提高写手文章质量首先要做的就是缩短篇幅、通俗文风，以最契合移动传播特点和碎片化阅读的方式来提供观点信息。一方面，当前写手的大部分评论稿件字数都在三千字左右，这样动辄需要花费十几分钟才能读完的深度长文对于一般用户来说只能徒增阅读疲劳感。考虑到新媒体环境下受众的阅读习惯，笔者认为文章篇幅限定在 1500 字为宜；另一方面，评论作者应该树立用户意识，站在读者的角度考虑其阅读感受，要慎用表面专业的术语和令人费解的长句，语言轻松、文字简练、逻辑清晰应该是评论作者追求的目标。

二、挖掘深度，树立权威

新媒体内容的交互性和信息的海量性帮助受众摆脱了以往渠道匮乏的窘境，但又带来了内容表层化和快餐化的问题，受众对深度的追求，不仅要求体育评论的观点和立意丰富多样，而且要求评论文章具有较强的专业性、权威性，且拥有高附加值。因此，面对议题重复、观点同质、流于表面等问题，懂球帝只有努力挖掘深度、树立权威，才能不断强化自身足球评论的议程设置效果。懂球帝应该注重对自身写手的业务培训，致力于有观点、有深度、有锐气的评论内容生产，充分挖掘写手的创作潜能，积极提高评论写作能力。同时，应该加强对全职编辑的审稿和把关，宁缺毋滥，绝不能降低对文章质量的要求。

三、强化引导，设置议程

兼职写手在很大程度上决定着懂球帝议题观点的选择和议题效果的强弱，但是论及议程设置、话题引导能力，知名体育新闻评论员无疑是草根写手的加强版。这些业已成名的体育新闻评论员往往在某一项目中深耕多年，甚至已经成为专家，他们深谙新媒体时代新闻传播规律，其评论文章的权威性、专业性、可读性是草根写手无法比拟的。同时，知名体育新闻评论员往往自带流量，其文章可以吸引众多粉丝追随，如此一来也有利于提高本媒体的影响力。

懂球帝可以尝试加强与国内知名足球评论员合作，重金邀请其加盟并开设专栏，以每周一篇的频率根据赛事热点选择合适的议题创作精品文章。例如，《体坛周报》在今年的伦敦田径世锦赛期间就为我国前110米栏运动员史冬鹏开设"冬鹏视点"专栏，请他针对本届田径世锦赛上的重点赛事和运动员发表评论，取得了不错的传播效果。同时也可以根据本媒体当前议题设置的需要，尝试翻译国外著名足球记者的专栏评论，在满足用户对多元观点需求的同时，注重挖掘和培养意见领袖的舆论引导作用，强化本媒体的议程设置效果。

四、重视热评，强化互动

与传统媒体相比，新媒体的一个重要优势是其便捷的交互性。在去权威化的网络空间中，受众不再是信息的被动接受者，而是可以发表看法的主动参与者。受众作为围观者实现了对生产者的逆袭，其反馈不仅是衡量文章质量的标尺之一，而且会衍生出其他热门话题。正如周庆安副教授所言，传统上，新闻评论提供观点，反馈证明评论者的观点接受度。但媒介融合环境下，新闻评论与反馈共同构成观点。①

因此，包括"两微一端"在内的新媒体应用都应该树立交互融合思维，不是把读者当成观点的单纯接受者，而是利用社交平台把他们融入生产过程中，把他们变成内容的一部分。②作为一款足球新闻客户端，懂球帝上评论文章的跟帖评论量并不低，一些重要评论甚至引起了受众的广泛关注，但是文后的这些评论仅限于球迷与球迷之间的互动，而缺乏文章作者和编辑的参与。笔者认为，评论作者和编辑一方面应该适当地参与到互动中，解答球迷疑问、回应球迷关切、交流观点与思想；另一方面，对于广受热捧的精彩评论，作者和编辑应该提高新闻敏感性和问题意识，深究其背后的情感诉求，从而挖掘出新的评论话题和议题选择。

新媒体技术的发展为受众赋予了更多自由表达和便捷交流的权利，使体育新闻评论的传播方式发生了巨大变化。懂球帝这款垂直应用于足球迷的移动新闻客户端作为互联网的产物，已经成为新媒体时代足球评论生产和分发的重要媒介。但是，懂球帝还需要准确把握网络体育新闻评论的议程特点，不断适应新媒体环境，树立用户意识和产品思维，才能使其足球评论获得高效传播，进一步加强设置议程、引导舆论的效果。

本章思考与练习

重新选一款体育新媒体应用，分析其用户特征及传播策略。

---

① 周庆安.对话与创新：媒介融合语境下的新闻评论突围[J].青年记者，2017（8）：9.
② 曹林.没有深入的交互性，则没有融媒评论[J].青年记者，2017（8）：28-29.

第十三章　新媒体体育新闻评论的法制伦理问题

本章学习要点

- 新媒体体育新闻评论的法制伦理问题
- 法制伦理问题的规制策略

内容提要

本章分为两节：第一节分别从法制和伦理道德角度，分析了新媒体体育新闻评论中存在的问题，包括侵犯名誉权、肖像权、著作权，以及虚假和低俗言论泛滥、臆想和猜测观点盛行等；第二节主要提出了新媒体体育新闻评论法制伦理问题的规制策略。

网络侵权案件近年来呈现不断增长的态势，媒体平台在信息传播过程中暴露出诸多法制伦理问题。作为各种媒体单位和互联网经营者集中区域，北京市海淀区人民法院受理过多起媒体机构网络侵权案件，根据该法院发布的统计数据：其受理的涉媒侵害人格权案件，在1998年到2005年7年内，涉及报刊、广电等传统媒体的为144件，涉及网络媒体的为53件；而在2005年到2010年这5年，前者为80件，后者达到206件。前7年间网络侵权只占整个涉媒侵权案件的27%，而后5年网络侵权案件就上升到了72%[①]。新媒体时代"把关人"的作用渐渐弱化，当用户的自律意识还不足以完全驱使自身理性发声的时候，天性中的放纵就容易导致话语权的滥用。同时，在屏幕区隔的非接触状态下，滥用话语权者不会有中伤他人之后的伤害感以及由此导致的内疚感。因此，在体育新闻评论的生产和传播过程中，新媒体的发展虽然赋予了受众话语权，但也导致信息交互活动中法制伦理问题的层出不穷。

---

① 魏永征．全国名誉权案件去年增长创纪录意味着什么？[J]．新闻记者，2015（4）：69．

第一节　新媒体体育新闻评论法制伦理问题的表现

　　随着新媒体技术的发展和智能化应用的普及，体育新闻评论的塑造力和舆论影响力不断提升，其话语地位得到了前所未有的重视和提高，媒体与受众间的话语权博弈出现了颠覆性变更。传统媒体时代，体育新闻评论负责提供观点，受众有限的反馈只能佐证观点的接受度，这种"你说我听"的单向灌输模式暗合了受众话语权的弱势地位；而在新媒体时代，受众的反馈不仅可以与体育评论共同建构观点，夯实和强化意义表达，形成舆论强势，而且能够通过解构、异化和消解评论的观点，衍生出新的热门话题。在新旧媒体迭代过程中，受众的话语权地位无疑得到了最大限度的确认和巩固。正如青年评论家曹林所言，新媒体的新就新在"传播"压倒"生产"，围观者实现对生产者的逆袭，①这也就是越来越多的新媒体日益重视与用户留言互动的原因所在。

　　在新媒体体育新闻评论的传播过程中，由于受众话语权的获得和网络媒体的传播介质作用，体育新闻评论呈现出以下特征：一是即时性，新媒体时代的体育新闻评论往往随着体育新闻的发布而即时创作和传播，甚至与体育新闻的推送同步进行，新闻和评论之间的时间差被极度缩短；二是自由化，新媒体环境下受众的个人话语权得到确认，受众可以摆脱传统媒体时代由一家或少数几家权威媒体独占的局面，在虚拟空间根据自己的兴趣、角度，自由地提出自己对体育事件的观点，抒发自己对体育事件的感想；三是互动性，这表现为一家媒体或用户个人发表体育新闻评论后，其他媒体或用户可以发表不同的意见，并反馈给对方，这种互动可能是一对一的，也可能是一对多的，还可能是多对多的，参与讨论的各方在互动中深化原有议题或衍生新的议题。

　　智能化移动应用的广泛普及使得体育新闻评论的推送和传播更加便利、快捷，发言权的落实也提升了受众的话语地位，新媒体体育新闻评论呈现出发展迅猛、一派繁荣的景象。然而技术赋权的深化降低了评论创作的门槛，新媒体体育新闻评论从业者的素质参差不齐，一些缺乏新闻专业主义精神的评论员或新媒体平台为追求经济利益而忽视社会效益，在拼时效、抢热度的同时将新闻法规和职业伦理抛之脑后。再加上相关法规监管不到位和"把关人"缺失等原因，个人话语权的滥用导致网络评论

---

① 曹林.没有深入的交互性，则没有融媒评论［J］.青年记者，2017（8）：28-29.

区不再是单纯的发表观点、交流思想的平台,而成了情绪宣泄场所。包括侵犯名誉权、肖像权、著作权在内的法制失范问题,以及包括虚假信息和臆想观点在内的伦理道德等问题,都在新媒体体育新闻评论的传播过程中不断涌现,并呈现出愈演愈烈的态势。

一、法制问题层面

(一)侵犯名誉权

名誉权,就是公民享有应该受到社会公正评价的权利和要求他人不得非法损害这种公正评价的权利。在新媒体体育新闻评论的传播互动过程中,侵害当事人名誉权的方式主要是在网上登载包括文字、图片、声音、动画等各种利用电脑和网络技术制作并在网络中上载的作品,对特定当事人加以侮辱或诽谤。这里的侮辱是指在网络上以各种污秽、粗鄙的方式对特定人进行辱骂、嘲讽、污蔑等旨在贬损人格、降低他人尊严的行为;诽谤是指在网站、社交媒体、聊天室、网络论坛等新媒体平台、网络公告牌上无中生有、无事生非、凭空捏造、散布和传播虚假事实,损害他人名誉,造成信息内容严重失实或基本失实的后果。在网络空间中,很多体育迷出于保护隐私的需要而使用网名表达观感和立场,应当说明的是,如果使用网名的虚拟主体的人格和现实主体在现实中没有被剥离,那么虚拟人格的名誉权也将受到保护。

新媒体时代,话语权的确认赋予了每一位用户表达观点的机会,但是由于受众个人话语权的滥用和平台监管的缺失,本应和谐纯净的评论环境变成了乌烟瘴气的"骂战区"。在体育新闻评论传播过程中,通过陈述虚假事实、发表不当言论、使用侮辱性言辞等方式侵害他人名誉权的行为时有发生。2014年10月2日足协杯半决赛首回合,江苏舜天做客虹口体育场挑战上海申花,由PPTV网络视频进行赛事直播,然而在比赛开赛前就曝出了不和谐的一幕,PPTV解说员周亮在网络直播中播报球员出场名单时,直接辱骂舜天球员:"1号苏北狗;2号苏北狗;3号来自巴西的苏北狗;4号来自黎巴嫩的苏北狗……"此片段一经播出不仅立刻遭到江苏球迷的强烈抗议,而且在网络上产生了巨大的舆论浪潮,"辱骂"视频不断被转发与讨论。周亮赛后在微博中解释说自己在90分钟的比赛解说中没有说不该说的话,意思是说,他在说这段话的时候并没有进入正式工作时间,但实际上网络直播已经开始了。周亮在网络平台解说评论足球比赛过程中所说的"苏北狗",是一种具有强烈嘲讽、污蔑意味的地域攻击言语,显而易见地贬损了他人人格与尊严,严重侵犯了江苏球员的名誉权。事后舜天俱乐部官方微博发表声明抗议,包括韩乔生、董路在内的解说员纷纷发微博谴责。2014年10月4日,周亮所属的PPTV公司正式发出声明,对周亮等两名直接责任人处以开除处理。

(二)侵犯肖像权

肖像,从美学意义上讲是指公民个人形象通过绘画、照相、雕刻、录像、电影等艺术形式,使公民外貌在物质载体上再现的视觉形象。肖像权是指公民可以同意或不同意他人利用自己肖像的权利。网络新媒体中的肖像权则是随着互联网的发展而衍生出来的肖像权的一种特殊表现形式,一般是指自然人通过网络新媒体形式所享有的依其肖像获得的精神利益和财产利益的权利。我国民法通则规定任何人都享有肖像权,作为新媒体体育新闻评论对象之一的体育明星自然也不例外。当然,体育明星的肖像是确定和辨识该公众人物的重要指征,也是其吸引粉丝、赢得关注的直接原因,他们的图片和视频在网络上被广泛传播,肖像的出镜和曝光率是普通民众无法比拟的,因此体育明星在有些情况下需要让渡部分肖像权。但是,这并不意味着媒体或评论员在评论过程中可以任意使用网络中流传的体育明星肖像,甚至是恶意丑化、歪曲体育明星形象而侵犯其肖像权。在新媒体平台的评论区常常会出现被恶搞、调换配图内容、肆意篡改过的体育明星的肖像图片,如姚明、傅园慧的表情包就常常出现在体育新闻评论中,这些图像大多数情形是为了搞笑和放松,但是如果在发表评论时利用这些图像对运动员进行恶意丑化和诋毁,或有商业利益行为,并在新媒体平台上大量传播,则应属于侵犯肖像权行为。

(三)侵犯著作权

著作权也称版权,是指公民、法人或非法人单位基于创作某种作品而享有的署名、发表、出版、获取报酬等权利,具有显著的排他性特征,即该权利为权利人专有,其他人不得擅自剽窃、篡改或假冒他人的作品。在新媒体时代,体育新闻评论是一种具有独创性并能以某种有形形式呈现的智力创作成果,这里的著作权则是指体育新闻评论主体在网络环境下上传、推送和传播体育新闻评论作品的过程中所享有的权利。

新媒体平台上侵犯作者体育新闻评论著作权的行为大致可以分为两种形式:

第一种是未经网络体育新闻评论作品著作权人的许可,而直接下载并在网络上转载、传播其评论作品。作者在新媒体平台上发布的体育新闻评论都包含着作者的著作权,因此转载或摘录必然要经过作者本人的同意,否则,无论在转载过程是否注明了作者与出处，没有经过版权的转让、同意使用而直接操作，都属于侵权行为。例如虎扑体育的体育新闻讨论区，有很多网友在此进行长篇讨论分析，部分网民不尊重他人劳动果实，未经许可直接拷贝发表在其他平台，或以此牟利。①

第二种形式则是为了实现谋取利益或其他目的，对新媒体上的体育新闻评论内容进行抄袭，这是一种最普遍且比较严重的侵权行为。例如"网球之家"微信公众号在2017年10月13日发表题为《东方网大量抄袭网球之家文章，事情败露后百般刁难！》的文章，控诉东方网的编辑抄袭"网球之家"的网球评论文章，引起网友热议。"网球之家"列出了东方网上10篇抄袭文章的截图，从中我们能看到，东方网的编辑修改了文章标题并删除了来源和原作者。事情发生之后，东方网客服第二天便致电"网球之家"，承认错误，并承诺在东方网上删除所有"网球之家"的文章，明确表示今后不会再抄袭"网球之家"的文章。然而，东方网在10月22日再次出现了抄袭"网球之家"的行为，可见抄袭之风的猖獗。

由于新媒体体育新闻评论的侵权行为具有简便易行、隐匿性强、传播范围广等特点，在法律上对这种类型的抄袭并没有确定的标准，再加上举证难度大、维权成本高的原因，很多作者往往选择放弃维权，致使新媒体平台侵犯体育新闻评论作者著作权的问题时有发生。

二、伦理道德层面

在技术赋权的今天，互联网对于受众来说是一把双刃剑，既赋予了个人话语权，但同时，也让虚假、低俗、极端情绪、三观不正的信息得到传播。许多网民躲在屏幕与键盘后面滥用话语权，在新媒体平台中发表评论和观点时缺乏理性，将网络当成一个纯粹发泄个人情绪的地方，滋生了诸多"键盘侠"和用指尖发声的喷子，网络暴力与过激言语屡见不鲜，致使道德义愤成为评论的逻辑起点。

（一）虚假和低俗言论泛滥

随着社会化媒体、移动互联网的快速发展，网络虚假信息的传播以几何级数扩散，引起了社会的广泛关注。② 虚假和低俗言论的泛滥显然与主流价值观相偏离，对良好的体育传播环境和舆论氛围的塑造构成了威胁。球迷在新媒体环境下拥有了随时随地观看比赛、发表言论的权利和可能，不仅能够通过微博、微信等社交媒体随时发布观赛体验，也可以通过诸如微信公众号等平台及时发布个人评论或爆料相关细节。

---

① 陈际华. 网络体育新闻评论的视角与特点 [J]. 新闻战线，2016（4）：71-72.
② 杨丹. 网络虚假信息传播特点及治理：基于2016年上半年的大数据分析 [J]. 新闻记者，2016（8）：38.

然而，开放的社交平台、隐匿真实信息的网络、缺少门槛与监管的信息传播方式让新媒体平台众声喧哗，很容易导致虚假信息的产生，建立在虚假事实基础上的评论也就随之产生了。例如，2015年8月腾讯体育记者应虹霞报道了宁泽涛的赛事新闻："在喀山世界赛男子50自半决赛中，百米冠军宁泽涛因身体状况不佳，小组排名垫底无缘决赛。"然而，在2016年7月2，她在腾讯体育发表了一篇评论《宁泽涛：全民偶像是如何走下"神"坛的》，文中指出"众所周知，宁泽涛在喀山世锦赛夺得了100米自由泳的冠军。然而，很少有人关注到，宁泽涛其实放弃了此后的50米自由泳比赛——重要的事说三遍，是的，创造百米夺冠'神话'的背后，是自弃赛"！反复强调宁泽涛是主动弃赛，与她之前的报道相互矛盾。同时，她在这篇评论中还提到"近一年来，宁泽涛坚持'崇洋媚外'只认澳大利亚外教布朗"，但是，时任游泳中心主任的王路生早在2016年4月就做了澄清，宁泽涛赴澳大利亚集训是中国国家队的冬训整体安排，是一个系统又科学的措施，他还夸赞宁泽涛训练刻苦，在澳大利亚有新进步。可以看出，应虹霞的这篇评论中充斥着大量的虚假信息，恶意歪曲事实，往宁泽涛身上泼脏水。不仅如此，应虹霞还发布多篇关于宁泽涛的报道和评论，均涉嫌虚假和歪曲报道。这样的行为不仅对当事人是一种中伤，而且侵害了受众的权益，削弱了媒体的公信力。

娱乐化是体育媒体在市场运作模式之下所产生的特点之一，能够寓教于乐、吸引受众的关注。但是，部分新媒体平台为了追求点击率或阅读量，往往热衷于通过爆料体育明星的私生活以寻求热度，或者通过制作传播恶搞明星表情包等方式对体育赛事进行泛娱乐化解读。例如，2018年1月10日，东方体育网刊发了一篇关于孔令辉和前女友马苏恋情的评论文《孔令辉睡了马苏11年却一直不肯娶她！背后的真相令人难以置信》，用粗俗不堪的标题来吸引粉丝，文章内容充斥着低级恶劣的八卦，除了博眼球之外毫无价值。

不仅如此，许多体育新闻评论员缺乏职业素养，在评论的过程中发出不雅言论，污染了传播环境。例如，2017年10月14日，腾讯NBA直播了一场普通的季前赛，对阵双方是金州勇士队和国王队，这场比赛中的解说员马重阳的"即兴发挥"引起舆论一片哗然。当天，比赛进行到第一节的2分26秒，腾讯解说嘉宾马重阳匪夷所思地开始对麦基母亲的私生活进行评论，在毫无事实依据的情况下直言麦基的妈妈跟很多NBA球星关系匪浅，并称"有一年的NBA扣篮大赛，麦基的妈妈与五位评委目送秋波、频频点头"，言论大胆到让人瞠目结舌。其实资料显示，麦基的妈妈帕梅拉·麦基是两届NCAA冠军队成员、前美国国家队成员，在美国是十分受人尊敬的一位球员和女性，场下大家也很喜欢她。至于上文提到的扣篮大赛，事实真相是，麦基的妈妈作为助手给麦基送来篮球，顺便和也是朋友的几位评委进行了贴面礼打招呼，这在当时就是礼貌性的举动而已。

作为嘉宾的马重阳在解说、评论比赛过程中，不对球员和赛事本身进行客观、专业的点评，而是在未经核实的情况下对球员及其家人的私生活进行了捕风捉影式解读和以讹传讹式曝光，这些虚假、低俗的言论不仅影响了受众的观赛体验，而且对球员及其家人造成了严重伤害。从法律层面来讲，新闻媒体和受众之间存在着一种契约关系，即双方之间存在着一种默示合同：受众要支付一定的接受费用，新闻媒体要提供真实的新闻信息。① 虚假和低俗言论泛滥，就是对双方"合同"约定内容的违反——媒体没有提供真实有效的信息，构成对受众权益的侵害。

（二）臆想和猜测观点盛行

新媒体环境下人人都有麦克风，用户被赋予了个人话语权，但是在主流话语引导缺席的背景下，个人话语权很容易在缺乏监管的自律状态下被用户滥用，最终导致谩骂性、宣泄性、戏谑性的情绪评论在用户群体中盛行，一些臆想和猜测的观点借助新媒体平台肆意传播。正如勒庞所言，群体情绪的相互感染，决定着群体行为的选择，本能性的情绪特别容易感染，而理智的、冷静的情绪在群体中丝毫不起作用。②

例如 2017 赛季中国足球超级联赛第 26 轮的比赛，深陷保级区的天津亿利在主场 4∶1 大胜实力远高于自己的同城对手天津权健，在爆出一大冷门的同时也极大地缓解了自己的保级压力。由于本场比赛前一天天津市政府相关部门发声表示"无论如何也不能让天津泰达降级"，再加上天津泰达在过往赛季给人留下过爱打"默契球"的印象，球迷因此认为天津权健在本场比赛中接到了授意，故而有让球嫌疑，本场比赛的结果受到了广泛质疑。一时间，网络谣言四起，例如网友"饮光堂"在微博上直接吐槽道："天津泰达这球踢的得有多假？你真要有这个实力怎么会沦落到倒数第一的地步！天津权健队至少有两个本土球员在踢假球！"再如网友"乔大爷改行踢足球"在搜狐体育中发表文章表示："这就是中国特色，你无法有直接证据说这是假球，很多事就是双方心照不宣。中国足球，你干净点吧！"在球迷的言论中，很大一部分人坚持认为这场"天津德比"是一场假球，声称是天津权健为帮助同城兄弟故意输球的阴谋，等等。面对巨大的舆论压力，中国足协随后宣称对本场比赛介入调查。其实，在中国足协官方的调查结果公布之前，任何关于本场比赛"假球""阴谋论"的断定

---

① 顾理平.从新闻的商品属性看虚假新闻的侵权责任［J］.南京师范大学学报（社会科学版），2001（3）：59-64.
② 勒庞.乌合之众：大众心理研究［M］.戴光年，译.北京：新世界出版社，1995：9-10.

都是一种臆想和猜测的观点，是不负责任的言论。这对于努力拼搏、力争胜利的球员来说是不公平的，毕竟谁也不能随意忽视和抹杀一支拼命保级的球队在生死时刻迸发出的惊人战斗力。

第二节　新媒体体育新闻评论法制伦理问题的规制

一、加强相关立法

完善的法律法规在治理新媒体体育新闻评论的法制伦理问题中发挥着举足轻重的作用。尽管我国已有多部法律法规对于互联网的使用和管理制定了相关政策，如：《中华人民共和国刑法》《互联网信息服务管理办法》《全国人民代表大会常务委员会关于维护互联网安全的决定》《互联网等信息网络传播视听节目管理办法》《即时通信工具公众信息服务发展管理暂行规定》《互联网用户账号名称管理规定》等。但是由于新媒体技术发展更新迭代迅速，各类新问题层出不穷，我国关于互联网的相关法规还不尽完善，往往滞后于新媒体的发展需要，在规制新媒体中的各类法制伦理问题时显得力不从心，更是缺乏单独针对新媒体体育新闻评论或体育新闻报道的法制法规。因此，应该及时更新新媒体领域的相关法律，拓宽监管范围，完善相关法规的细则，尤其是要增强法条的前瞻性和可行性，真正做到有法可依。

二、落实监管责任

首先，政府作为国家和社会整体利益价值的重要代表，应该发挥宏观调控的作用，对于整个新媒体生态进行总体监管与引导，为体育新闻评论及其他内容提供干净的网络环境。目前，我国除了有数量可观的关于网络媒体建设的法律法规正在实施以外，还设立了相关的网络媒体机关性事务监管部门，并不断提高网络监管技术。在"众声喧哗"的新媒体时代，体育新闻评论容易出现各类纷繁复杂的法制伦理问题。政府的这些规整与引导措施，能够加强对网络体育媒体的监管力度和效力，为保证体育新闻评论的健康发展有着重要意义。

其次，体育新媒体平台应该发挥自主自觉性，对平台内容进行严格筛选，对用户评论进行有效监管，引导正确的舆论导向。在这方面，懂球帝App的做法可供借鉴。懂球帝App不仅在评论区设置了"黑猫警长"角色，专门对用户评论中涉及辱骂、诽谤、地域攻击等不当言论进行审查和筛选，而且让其他球迷也可以对不当言论进行举报。一旦某一用户的行为被认定为违反相关发言规则，就将面临时间不等的禁言甚至是封号处罚。新媒体平台中的这种通过技术手段主动介入并规制用户言论的做法起到了很好的话语引导效果，能够有效减少侵权行为，消除对被害人的负面影响，规范用户的言论表达。除此之外，体育新媒体平台应该加强审查力度，减少对过度娱乐化稿件的推送，而对具有深刻思想性的体育新闻评论则要通过加精、置顶等方式进行推荐，从而达到有效引导的目的。

最后，自媒体与大众的自我监管也十分重要。新媒体体育新闻评论平台一般都具有一定的开放性，大众在注册账号之后就拥有了发表评论的权利，人人都可以成为自媒体。在这其中有许多专业性的体育新闻评论，但也不乏虚假粗俗的言语甚至是谩骂和人身攻击。例如，中国男足一直是常见的体育新闻评论主题之一，也成为网友们时常调侃的对象。尤其是在中国男足输球之后，很多粉丝为了发泄情绪，在网络上发表各种各样不堪入耳的评论。网络匿名不代表能够戴着面具"胡说八道"，自媒体和大众应该努力提高媒介素养，在进行评论时应该时刻保持理性态度，对自己的言论负责，切勿被一时的个人情绪冲昏头脑而发表不当言论，变成"键盘侠""网络喷子"之流。

三、提升公民素养

当前的网络言论更鲜明地体现了戏谑和恶搞的风格，各种段子、笑话、恶搞的图片、歌曲、视频等构成了丰富多彩的话语景观。尽管有学者提出这种"狂欢化""娱乐化"是一种自下而上的社会话语表达方式，可以宣泄和缓解社会情绪，起到"安全阀"的重要作用。① 但是娱乐化应该限定在一定的界限和范围内，否则社会话语表达不仅不是"安全阀"，还有可能成为社会矛盾的策源地。为此，应该注重新媒体时代公民素养的提升，规范话语权用户的言论行为。笔者认为，公民素养的提升可以分为法律素养和互联网媒介素养两个方面。

守法是每个公民必须坚守的最后底线，互联网这个虚拟的环境不应该成为法外之地。作为掌握个人话语权的普通用户，在网络上发表评论并不是无拘无束、毫无制约的，而是要认识到新媒体平台的公共性，提高自身的法律素养，时刻注意避免因为言论不当而损害他人的合法权益，例如因谩骂而侵犯的名誉权、因剽窃而侵犯的著作权，等等。网友应该时刻保持清醒，不能因为躲在屏幕和键盘后面就胡作非为，在法律边缘试探，企图让数字 ID 成为犯法的保护伞。当然，这也要求相关部门和大众传

---

① 张志安.新媒体与舆论：十二个关键问题［M］.北京：中国传媒大学出版社，2016：72.

媒在进行普法教育和宣传时,注重公民网络法律意识的培养,提高互联网相关法律条文的到达率和知晓度。

媒介素养是指公民使用媒介、评价媒介、判断媒介并利用媒介传播信息观点、参与社会活动、完善自我素质的过程。[①]对于生活在信息时代的公民,提高自身媒介素养已经是一门必修课,可以从两个方面来进行:一是提高公民的新媒体传播能力,新媒体的发展日新月异,更新换代的时间越来越短、频率越来越高,不断涌现出新的媒体形态和产品,因此大众应该努力吸收新的传媒知识,认识到各类新媒体的不同特点,从而将体育新闻评论与不同的媒介形式以更优化的方式结合在一起,例如,抖音平台一般来讲只适合体育短评论或趣味评论,深度评论可以放在微信公众号或门户网站中。当然,公民也需要学习一定的新媒体编辑相关的知识,比如视频评论要求作者有初级的拍摄、剪辑,甚至美化与包装能力,而文字类的评论除了对作者的文字功底有要求以外,还往往需要作者有排版、动图编辑能力,实现图文并茂的效果。

二是提高公民的新媒体批判能力,在新媒体上传播的各类体育新闻评论不计其数,其中鱼龙混杂,既有优质精品,也有粗制滥造、粗俗虚假的内容,还可能包含强烈的商业信息。因此,公民需要提高自己的辨析能力,在接收评论信息的时候要理性思考,不要以讹传讹,在未弄清楚事实真相时不应盲目跟风、发帖声讨,而是应该正确评析传媒产品,树立批判意识,保持清醒头脑,冷静思考后再决定自己的态度和行为。例如,当应虹霞发表多篇文章试图污化宁泽涛时,有些网民没能看到真相就充当了"哄客",跟风发文来谴责宁泽涛,而相对理性的网民则进行了客观分析与讨论,最终找到证据与材料为宁泽涛"平反"。因此在新媒体平台中,公民对评论信息的甄别和批判能力非常重要,否则就会落入不怀好意者的陷阱之中。

总之,公民在新媒体环境下进行与体育新闻评论相关的活动时应该把握好新媒体与传统媒体的区别和联系,尤其是要了解新媒体评论活动中的公共性特征,从而在话语权行使过程中提高自律意识,既合理表达自身观点和诉求,又不侵犯他人的合法权益,营造出良好的舆论氛围。

新媒体技术的发展和智能化应用的普及赋予了受众个人话语权,体育观众的言论表达更加便捷。但是,话语权的不当使用也造成了侵犯人格权和泛娱乐化等法制伦理问题,妨碍健康和谐的网络舆论生态的形成。为了塑造新媒体平台良好的体育新闻评论表达环境,推动体育事业的良性发展,我们应该从加强相关立法、落实监管责任、

---

① 顾理平.网络舆论监督失范行为的化解对策[J].新闻与写作,2015(9):44.

提升公民素养等方面入手,规制相关法律和道德问题,从而达到净化网络空间、畅通言论表达的目的。

本章思考与练习

1. 新媒体体育新闻评论法制伦理问题包括哪些方面?
2. 如何正确看待新媒体体育新闻评论中的伦理问题?

拓展阅读二：平台梳理——日新月异的媒介机构

> **内容提要**

随着传媒科技的不断进步和商业资本的大量涌入，体育媒体市场发生了剧烈变化，全新的体育媒体应用层出不穷，并且逐步锁定自己的核心体育迷圈层，产生了巨大的市场影响力。本章列举了目前传媒市场上的主要体育新媒体应用，具体而言可以分为两大类：其一是资讯社区类体育App，主要包括直播吧、虎扑体育、懂球帝、肆客体育、体坛加等产品；其二是视频直播类体育App，主要包括PP体育、腾讯体育、优酷体育、咪咕视频、爱奇艺体育等应用。（注：排名不分先后）

第一节　资讯社区类体育App

一、直播吧

应用简介：

"直播吧"成立于2007年3月1日，一直秉承自由、平等的网络精神，宣扬真诚与热情，提倡理解与宽容，鼓励学习与交流，短短几个月的时间，便迅速地由单一足球论坛发展成为以足球比赛直播为主，同时融合各项体育赛事共同繁荣的优秀体育在线交流平台。论坛分为以下几个区域：视频区、讨论区、新闻区、休闲区、站务区。

视频区：最新NBA篮球视频、最新足球视频、最新足球集锦在线、最新足球全场在线、其他体育视频。

讨论区：篮球公园、天下足球、体坛风云。

新闻区：足球新闻。

所涉及的比赛：NBA、CBA、意甲、法甲、德甲、西甲、英超、联盟杯、欧洲冠军杯、世界杯、欧锦足球赛、斯诺克比赛、国内外乒乓球赛、足球热身赛、南美洲足球比赛以及央视春晚。

产品特点：

相对于传统直播来说，"直播吧"借助于互联网平台的优势，让大众有了更好的主动操作性，也就是说有了更优质、更方便和更自由的选择空间。目前全球的体育事业十分繁荣，每年都会有许多体育赛事举行，相对应的直播运营商和提供方也有很多，这些直播信号往往会集中在互联网上发布，使观众可以很方便地选择自己所需要的直播线路。

"直播吧"本身并不制作生产任何体育赛事节目，也不是网络电视台，而是为了迎合网友的需求而设立的共享平台，专门收集 Sopcast、Tvants、UUSee、TVU、PPlive、PPstream 等网络电视的体育赛事直播网址，并把播放界面嵌入网页中方便网友观看。目前，"直播吧"的业务范围不断扩大，涵盖了与各类体育赛事相关的视频、新闻、社区、数据、商城等相关内容，已经成为一个综合性的体育平台。

二、虎扑体育

旧　新

应用简介：

虎扑体育成立于2004年，是中国具有强大资源优势及营销实力的专业体育营销公司。经过多年发展与积累，虎扑已成为集体育营销策划、赛事营销与管理、活动管理、公关传播、体育市场调研、新媒体运营、体育公益为一体的体育整合营销机构，为各大企业、品牌与机构提供全方位体育营销服务。虎扑具备大型赛事的运维和营销能力，在全国166个城市组织了164,843场篮球赛，有力地推动了全民健身事业发展。

产品特点：

1. 大量翻译国外媒体的报道和评论

"NBA新闻与流言"是虎扑体育网篮球新闻版块的特色栏目，网站编辑每天将与NBA相关的美国媒体报道的信息进行梳理整合，在"NBA新闻与流言"栏目里发布。"NBA新闻与流言"的选稿十分严谨，稿件多来自ESPN、雅虎体育等美国权威体育媒体以及NBA球队所在城市的地方媒体，如新闻稿件《吉姆·巴斯：我对赛季很失望》（Jim Buss，美国NBA洛杉矶湖人队副总裁）的来源就标明为"ESPN"。

此外，虎扑还翻译了大量国外著名篮球专栏作家的文章和评论，"翻译团"由专业英语人士组成，翻译的文章除了注明出处外还会附上原文链接。如火箭专区经常发布乔纳森·费根（Jonathan Feign，美国休斯敦市唯一一家日报《休斯敦纪事报》的首席篮球记者）的文章。虎扑的这种做法可以让一直沉浸在本土球评观点和风格中的中国球迷能够有机会看到国外媒体的报道和分析，在开阔视野、打开思路的同时更加强了相互之间的交流。

2. 论坛严谨专业

虎扑体育网的篮球论坛是目前国内最严谨的篮球论坛，不但资料详尽，而且发帖人数多，浏览量和评论量大。论坛包括 NBA 综合版块区、CBA 综合版块区、运动装备版块区等版块，提供了丰富的篮球评论，与网友展开热情互动。

论坛帖子的质量保障主要来源于两方面：首先，论坛把关严格，过滤低质量的信息，对回帖质量进行严格控制，同时设置了各种具体规则，规范论坛的言论行为。其次是高水平的网友，虎扑论坛中活跃着一批水平很高的网友，他们长期关注 NBA、CBA、国际篮球，有的甚至是看球时间长达几十年的资深球迷，手上存有很多珍贵的比赛录像和资料，熟知国外专业的篮球数据网站。其中部分网友发表的帖子不亚于美国篮球专栏作家评论文章，原创作者更被奉为中国篮球草根阶层里的精英。例如湖人区的萧瑟，他的文章《湖人凭什么赢魔术？》有观点、有数据、有论证、有战术动图，而且观点鲜明、论据充实、论证严谨，被网友们称为"大神之作"，逐渐成为论坛的意见领袖。虎扑的篮球论坛为中国篮球迷打造了一个专业交流平台，对篮球运动的普及和篮球文化的发展都产生了积极影响。

3. 视频内容全面

虎扑体育网的篮球视频站是目前国内最大的 NBA 视频与街头篮球视频网站，页面分为篮球排行、特别推荐、每日五佳球等版块，内容包括热门球星的个人集锦和精彩比赛、经典比赛的录像等，并且能够实时更新，时效性强。篮球教学版块中除了普通篮球的教学视频以外，还有街头篮球的教学视频。视频内容可谓丰富多彩、琳琅满目。门户类体育网站一般只提供视频的在线观看而无法下载，但虎扑不同，它提供了海量的 NBA 视频和街球视频下载，而且大部分免费。

虎扑篮球视频的发布和分享，既运用球星效应点燃球迷的篮球激情，增进球迷参与篮球运动的热情；又通过教学视频提高初学者的篮球水平，增加篮球人口的数量，从而扩大篮球运动的群众影响力，推动篮球运动的普及。

三、懂球帝

应用简介：

懂球帝是一款提供全球体育足球新闻、深度报道、足球社区的手机 App，基本上可以满足球迷在手机上关于足球的一切需求，诸多现役和退役的足球运动员、教练员、解说员和记者都在使用。懂球帝的运营者是一群有足球信仰的足球狂热爱好者，运营初衷是希望能给足球迷带来一些便利，建造一个纯粹而有趣的足球世界。

产品特点：

1. 赛事直播：覆盖所有主流联赛的足球在线视频直播。
2. 新闻资讯：不仅有传统强队的资讯，还提供升班马阿拉维斯、伯恩利、佩斯卡拉等小众球队的第一手信息。
3. 比赛数据：拥有全世界的球员、球队、比赛的详尽数据，包括常规的赛程、积分榜和射手榜，每名球员的动态数据甚至伤病史，每个球队的详细资料和赛程，还有荷甲、德乙等联赛积分榜。
4. 比分直播：秒速推送各个球队和赛事的比分。
5. 足球社区：用户可以在圈子里面跟全球各地的球迷一起聊球。
6. 足彩社区：用户在这里可以讨论足彩分析和赛果。

懂球帝打造了众多球迷社区，被称为圈子。懂球帝凭借着自身快捷的足球资讯、深度的足球分析，特别是独具特色的足球社区，在近年来受到了不少足球迷的喜爱和关注。据悉，懂球帝是目前全球最大的中文足球媒体和社区。同时，懂球帝也在不断开拓海外市场，与诸多国际球星和知名球队签订合作协议，发布球员和球队的相关资讯。

四、肆客体育

应用简介：

肆客体育由知名媒体人颜强与投资人孙动先联合创办，旗下运营 2016 年 2 月上线的肆客足球 App、足球脱口秀《超级颜论》和国内最大的足球新媒体矩阵，其服务内容包括资讯、直播、数据、社区等，旨在为足球迷提供全面、专业、有趣的资讯解读、赛事直播和赛事服务。

产品特点：

1. 出墙：肆客足球出墙版块，实时推送全球知名球星在 Twitter、Instagram 等国外社交媒体上面发布的信息和内容，原汁原味呈现球星生活。肆客足球也在逐步建立全球最大的体育媒体、社交媒体资讯库，利用自动化技术实时采集全球体育资讯，发布高品质原创内容和精粹。

2. 世界 bo：武磊、孙继海等足球明星，还有法国前线记者、主播，以及足球宝贝与用户进行弹幕直播互动。

3. 肆客直播：直播欧洲杯、美洲杯等足球赛事，并实时推送赛前分析、场内外图片、国内外社交媒体上大 V 们的实时评论、实时数据等。

4. 大咖专栏：马德兴、骆明、张力、赵威、威尔逊等国内外足坛名家、记者专栏，全方位解读中外足坛事件。

5. 比赛大数据：全面丰富的数据统计，可查看控球率、射门、过人和抢断等数十个统计榜单。

五、体坛+

应用简介：

"体坛+"公司成立于2015年，是《体坛周报》下属的子公司，它通过传统媒体积累了各个体育项目的各类专业体育人才，在采编与发布模式上大胆创新，建立全新的符合移动互联网要求的后台信息发布系统，让前线记者能够随时随地发布信息，让后台的编辑人员能够构建一套全体育数据平台，让体坛"一报十刊"的记者编辑将时效新闻、评论、报道等资讯信息能够方便快捷地发布到本数据平台，通过优质的内容资讯吸引用户，成为线上流量入口。

"体坛+"以全体育数据平台为基础，在未来可以搭载"体坛+"App、体育彩票App、跑者世界App、佰佳高尔夫App、户外App、体坛网（H5页面）等各类前端移动应用，旨在一站式解决用户的所有需求，建立体育领域的大型移动互联网应用平台及数据库。

产品特点：

"体坛+"由《体坛周报》亲力打造，国内外资深体育媒体人带来世界杯、英超、西甲、德甲、法甲、意甲、欧冠、NBA等赛事的体育新闻报道。

1.体育头条抢先看：包括五大联赛、世界杯、欧冠、中超、NBA等重要赛事，提供全面、丰富、有料、有趣的新闻资讯，让用户随时随地可以想看就看。

2.数据一目了然：详尽的赛事数据及资深体育媒体人的分析，实时更新，随时查看。

第二节 视频直播类体育 App

一、PP 体育

应用简介：

2016 年 5 月，苏宁体育集团正式成立（即 PP 体育），围绕足球产业链的各个环节展开布局。上游的赛事资源和国际米兰、江苏苏宁两家足球俱乐部是 PP 体育战略布局中的核心，利用上游优势资源获取大量用户，最终通过电商、付费会员、版权营销、赛事运营等方式变现是其商业逻辑。

产品特点：

1. 最丰富 IP 资源

PP 体育拥有西甲 5 年全媒体版权，这是国内互联网视频行业企业首次拿下世界顶级足球赛事的全媒体 IP 以及英超 2016—2017 年度新媒体直播版权，并且拥有包含中超、亚冠、UFC、WWE、荷甲、俄超等海量顶级体育赛事直播内容，每日更新体育最新新闻资讯和全球赛事战况。PP 体育还提供 NFL、拳击、飞镖等各类赛事直播，满足用户的各类体育资讯需求。

2. 最强解说阵容

詹俊、董路、娄一晨、刘越、申方剑、贺宇、苏东等多位体坛名嘴齐聚PP体育，这些自带粉丝的大咖解说成为平台的流量担当。同时PP体育还在不断尝试培养新一代的年轻解说员，为人才发展提供广阔的实践机会和成长空间。

3. 海量自制节目

PP体育出品了大量优质的自制节目，包括：运用全新Libero技术的自制类节目《西甲深呼吸》，精准勾勒世界顶级联赛英超沙图推演的《英超战术室》，结合赛事、娱乐和明星的大型综合性篮球娱乐节目《CBA聚力嗨》，周一到周五针砭体坛新闻事件，调侃体育话题的体育资讯节目《聚义厅》等。

二、腾讯体育

应用简介：

腾讯体育是腾讯公司出品的一款针对体育视频的手机App应用，也是最早出现的具有典型意义的体育App之一，主要为用户提供足球、篮球、网球、高尔夫等赛事的直播、点播和资讯的视频服务。

产品特点：

作为专业的体育App，腾讯体育在运作、发展过程中形成了很多特点，而这些特点也正是区别于其他体育App的优势之处。

1. 腾讯体育拥有完善的互动交流板块，能够提供良好的用户体验

除了最基本的体育资讯外，互动也是移动端App的重要部分。"腾讯体育"基于自身在社交应用方面的运营经验以及对社区互动的重视，其社交板块的设计与运营更加完善，可供用户选择的自定义模块内容也更加多样。

2. 腾讯体育拥有 NBA 的独家转播权，吸引众多的用户

2015 年，腾讯获得未来 5 年 NBA 在中国网络上的独家转播权。NBA 球星科比的退役赛在 2016 年 4 月 14 日举行，腾讯体育从凌晨 4 点开始直播，一直到下午 3 点结束，完成了国内有史以来最大型的网络直播。腾讯体育在把握住先机的同时，充分发挥优势，以用户的需求为中心，进行赛事转播与新闻播报，从而在众多同类 App 中脱颖而出。

3. 腾讯体育还拥有国内先进的直播技术，在进行赛事直播的同时为用户实时提供各项数据

例如在 NBA 比赛的直播过程中，主持人在解读比赛的同时，用户可以轻松调出任意数据，从比赛的攻防技术数据到特定运动员的个人数据，都可以通过醒目且直观的图表形式展现在用户眼前。体育赛事中的数据展示是吸引核心用户的重要筹码，与单纯关注比赛过程和结果的轻度用户相比，核心用户不仅会促进体育 App 向更专业的领域发展，也可能发挥出一定的号召力，吸引更多轻度用户参与 App 内的互动交流。

三、优酷体育

应用简介：

2018 年，优酷视频借助俄罗斯世界杯的绝佳机遇，得以进军体育产业。世界杯结束后，优酷又宣布与 PP 体育进行战略合作，共享 PP 体育平台上的版权资源。2018 年 10 月 10 日，优酷拿下了中国大学生篮球联赛（CUBA）的运营版权；10 月 15 日，优酷体育宣布拿下 CBA 的新媒体版权，成为转播新赛季 CBA 的五大平台之一，优酷的赛事版权布局进一步完善。

产品特点：

优酷体育背靠阿里巴巴这一行业巨头，实力雄厚不容小觑，而版权竞购是阿里巴巴完善和深化体育版图的重要战略部署。阿里巴巴过往对体育的涉猎主要集中在场馆和赛事运营等领域，而对竞争火热的版权市场尚未发力。优酷体育不断完善版权布局能够弥补阿里巴巴在版权运营上的缺失。在这样的形势之下，优酷体育在未来有望打通饿了么、盒马鲜生、高德地图、飞猪等多种产业，让体育多维度地渗透进用户的生活场景之中。

四、咪咕视频

应用简介：

借助俄罗斯世界杯期间拿到的新媒体版权，咪咕公司向亿万中国球迷提供了64场世界杯高清赛事全量直播，这位背靠中国移动的"新人"得以成功打入国内体育赛事版权市场。世界杯结束后，咪咕视频更是加紧了在体育版权市场的布局：2018年10月15日，咪咕视频官方宣布获得2018—2020赛季的CBA版权；此后，咪咕视频又与PP体育联合成立运营中心，获得了包括欧洲五大联赛、欧冠、亚冠、WWE、UFC以及中超赛事的版权。更令业界震惊的是咪咕视频还将NBA版权收入囊中——2018年12月7日，咪咕公司与NBA共同宣布达成长期合作伙伴关系，咪咕视频借此正式进军国际赛事版权市场。

产品特点：

2018年借助世界杯强势入局体育赛事版权市场之后，咪咕通过一系列横跨境内外、包揽足篮球的强势收购行为，展示了自己进军体育产业的决心和信心。而更令外界期待的是咪咕公司在赛事版权运营中对科技的强调和重视，如4K+5G技术、虚拟现实、人工智能、大数据等"黑科技"，或者已经在世界杯和中超联赛转播中加以运用，或者即将在未来的赛事直播中付诸实施。凭借背后的中国移动所提供的强大通信技术支持和海量用户资源，咪咕视频这位体育版权市场的"后起之秀"正在借助科技赋能，为观赛用户打造更具真实触感和多元场景的"下一代沉浸体验"。

五、爱奇艺体育

应用简介：

2018年8月6日，当代明诚旗下公司新英体育传媒与拥有海量、优质、高清网络视频的爱奇艺共同宣布，双方将合资成立北京新爱体育传媒科技有限公司，致力于将爱奇艺体育打造成超级在线体育平台。新成立的体育平台将使用统一的会员体系，打通两者现有的版权和流量资源，力求发挥新英体育多年来积攒的专业的体育赛事运营和内容生产能力，以及爱奇艺作为国内三大视频网站之一所具备的强大入口能力。

产品特点：

爱奇艺体育平台的战略布局与PP体育类似，同样是围绕足球赛事展开的，试图打造建立在足球赛事基础上的全媒体体育赛事直播平台。在融合新英体育和当代明诚的赛事资源之后，爱奇艺体育目前拥有2018—2019赛季英超版权、2018—2022年欧洲国家联赛（欧国联）的新媒体版权，以及2017—2022西甲的独家版权，同时还有高尔夫和网球两项精英赛事的转播权。

图书在版编目(CIP)数据

新媒体体育新闻评论 / 万晓红,方俊主编. -- 北京：中国传媒大学出版社,2022.4
ISBN 978-7-5657-3115-0

Ⅰ.①新… Ⅱ.①万… Ⅲ.①体育—评论性新闻 Ⅳ.①G210

中国版本图书馆 CIP 数据核字(2021)第 274902 号

新媒体体育新闻评论
XINMEITI TIYU XINWEN PINGLUN

主　　编	万晓红　方　俊
副 主 编	姜　欣　周　冲　王　垚
策划编辑	黄松毅
责任编辑	张　静
特约编辑	李　婷
责任印制	阳金洲
封面设计	拓美设计

出版发行	中国传媒大学出版社		
社　　址	北京市朝阳区定福庄东街 1 号	邮　　编	100024
电　　话	86-10-65450528　65450532	传　　真	65779405
网　　址	http://cucp.cuc.edu.cn		
经　　销	全国新华书店		
印　　刷	三河市东方印刷有限公司		
开　　本	787mm × 1092mm　1/16		
印　　张	黑白 10.25，彩色 1.5		
字　　数	223 千字		
版　　次	2022 年 4 月第 1 版		
印　　次	2022 年 4 月第 1 次印刷		
书　　号	ISBN 978-7-5657-3115-0/G・3115	定　　价	49.00 元

本社法律顾问：北京李伟斌律师事务所　郭建平
版权所有　　翻印必究　　印装错误　　负责调换